Wolfgang Rauch

Sommerferien

Ein Lehrer gibt auf

Wer am meisten lacht, lernt am besten.

He who laughs most, learns best.

John Cleese – Monty Python

Wolfgang Rauch
Sommerferien – Ein Lehrer gibt auf
Oberding: Reimo-Verlag, 2020

ISBN 978-3-942867- 64-1

Am Mitterfeld 3, 85445 Oberding
Tel.: 08122 / 47 99 715
Fax: 08122 / 47 99 714
E-Mail: reimo_verlag@gmx.de
www.reitmajer-verlag.de

Fotos: Privataufnahmen

Covergestaltung: Wolfgang Rauch

INHALT

[1] Allen Saunders, am. Comicautor

Sommerferien

Prolog

Lehrer Lämpel

Also lautet ein Beschluss:
Dass der Mensch was lernen muss.
Nicht allein das Abc
Bringt den Menschen in die Höh,
Nicht allein im Schreiben, Lesen
Übt sich ein vernünftig Wesen;
Nicht allein in Rechnungssachen
Soll der Mensch sich Mühe machen;
Sondern auch der Weisheit Lehren
Muss man mit Vergnügen hören.[2]

Bevor die undankbaren Schüler Max und Moritz ihrem Lehrer beinahe den Garaus machten, wollten sie die moderne Pädagogik, die Wilhelm Busch seinen Akteuren zuschrieb, nicht akzeptieren. In der heutigen Zeit sieht das auch nicht viel anders aus. Die „Malocherschule" wird präferiert, d. h., zuerst die Arbeit, dann das Vergnügen. Es sind aber nicht die SchülerInnen, sondern die LehrerInnen[3], die Althergebrachtes wieder pflegen:

---

[2] Wilhelm Busch: Max und Moritz 4. Streich

[3] Lehrer u. Lehrerinnen, LuL, Schüler u. Schülerinnen, SuS

Disziplin und Ordnung. Manchmal denkt man, es hätte PISA[4] nie gegeben.

„Schade, dass du kein Lehrer mehr bist", sagte eine kleine Schülerin zu mir, als sie erfuhr, dass ich die letzten zwei Jahre vor dem sogenannten Ruhestand in einer anderen Schule mit dem pädagogischen Ansatz Inklusion[5] arbeiten werde. Von einer inklusiven Klasse in einer Grundschule hat meine Kollegin ähnliches berichtet: „Du bist ja gar keine richtige Lehrerein." „Doch, das bin ich." „Wo ist dann dein Klassenzimmer?" Auch die SchülerInnen haben ihr Problem mit der inklusiven Pädagogik. Die richtigen Probleme damit haben die Erwachsenen. Dazu später mehr.

Nur vormittags Unterrichtsverpflichtungen, die Arbeitszeiten selbst einteilen, jede Menge Ferien, freitags um 13 Uhr fängt das Wochenende an und die Unterrichtsvorbereitung hält sich in Grenzen. In der Schule bist du der King, die Eltern behandeln dich als Respektsperson und die Kinder lieben dich. Lehrer haben schließlich immer recht, und diese Fremdwahrnehmung begleitet dich dein Leben lang. Du bist selbstbewusst und du bist der erste von deinen Kumpels, die eine Familie gründen und einen Kredit aufnehmen für den Hausbau, weil du unkündbar bist. SO sehen dich die Anderen, obwohl du ihnen viel von deiner Arbeit erzählst. „Das wäre nichts für mich, das könnte ich nicht", heißt es dann lapidar, „aber ihr seid doch unkündbar!". Die Erzählungen über Stress,

---

[4] Die **PISA**-Studien der OECD sind internationale Schulleistungsuntersuchungen, die seit dem Jahr 2000 in dreijährlichem Turnus in den meisten Mitgliedsstaaten der OECD und einer zunehmenden Anzahl von Partnerstaaten durchgeführt werden.

[5] Wikipedia: **Inklusive Pädagogik** ist ein pädagogischer Ansatz, dessen wesentliches Prinzip die Wertschätzung und Anerkennung von Diversität (=Unterschiedlichkeit) in Bildung und Erziehung ist. Sonderschüler werden in Regelschulklassen beschult.

Krankheit und Burnout halten sie für Ammenmärchen, oder, noch schlimmer, für die Versuche der Lehrer noch früher in Rente zu gehen. Wer möchte schon so lange arbeiten. „Und dann habt ihr so eine schöne Pension."

Der Wandel zu einer Wissensgesellschaft erfordert einen Input an Mehrarbeit, der ungleich verteilt ist. Während die Stundenzuteilung für LehrerInnen und die Klassenstärke beibehalten wurden, werden die Aufgaben für Lehrkräfte neu definiert: Digitalisierung, veränderte Schülerschaft, Inklusion, Aus- u. Weiterbildung, Präsenzzeiten, Ausweitung von kooperativen Maßnahmen und einiges mehr.

Wo bleiben die kritischen Anmerkungen der Beteiligten? Gibt es Widerstände für die immer gleichen Schulreformen, oder sitzt die Lehrerschaft die größten Probleme aus? Nach PISA versuchten reformwillige Politiker, gestresste LehrerInnen, aufgebrachte Eltern und die Schulverwaltungen einschließlich der Kultusbehörden der Länder, die Schulen konkurrenzfähig zu machen. Die starren Schulstrukturen kommen nur langsam ins Wanken. Soll die Grundschulzeit verlängert werden? Verbessert längeres gemeinsames Lernen die Kompetenzen der Schülerschaft? Machen Ziffernnoten für Grundschüler Sinn? In anderen Ländern, wie z.B. in Norwegen oder Finnland, sind diese Fragen längst im Sinne der SchülerInnen und der Lehrkräfte beantwortet. In Deutschland schiebt man die Ungleichheit der Systeme gerne auf den Föderalismus, aber die Probleme liegen tiefer.

Die Sommerferien dauern in Frankreich acht Wochen, im Tessin in der Schweiz sind es elf Wochen und in Italien sogar zwölf. Diese Verweise müssen herhalten, wenn den Lehrkräften mal wieder die überlangen Sommerferien (sieben Wochen) vorgehalten werden. Als Schüler haben meine Sommerferien nie geendet. Wir waren draußen bis zum Abend und unterbrachen unser Spiel nur, wenn die Rufe der Mutter zum Essen befahlen. Ansonsten gab es viel Abenteuer, viel Streit und viel zu erleben. Das Leben war reizvoll, die unschöne Erinnerung an den Start der Schule am Montag war erschreckend und wurde schnell wieder vergessen. Trotzdem kam dieser Tag, und mit befremdlichem Gefühl traten wir den Schulgang an. Durften wir unsere geliebte Lehrerin behalten, oder war der Mathelehrer immer noch da und noch nicht gestorben, obwohl er schon 48 Jahre alt war? Es war schrecklich, der Holzgeruch, das Knirschen der Kreide und der gebohnerte Boden mussten die frische Luft und die Sonne ersetzen. „Und, wie war es in der Schule?“ „Mhmm, schön wie immer.“

Mit welchen Gefühlen geht die heutige Schülerschaft in die Schule und was erwartet sie dort? Welche Haltung haben die Lehrkräfte und inwieweit werden sie diese durchsetzen? Von diesen Dingen handelt das Buch.

Der Beginn

One dream, one soul, one prize, one goal

One golden glance of what should be (Queen, engl. Rockband)

„Ich bin mit meiner ersten Klasse schon vor dem Fall der Mauer in Berlin gewesen."
„Häh, welchen Fall der Mauer? Berlin ist geil, da müssen wir auch hin."
Es war einer der wenigen Momente, an denen ich von „früher" erzählen wollte. Ich habe es gelassen. SchülerInnen interessiert es nicht die Bohne, was du früher mit Kids angestellt hast und wie schön es mit denen war. Sie wollen heute mit dir eine gute Zeit haben. Sie freuen sich auf Ausflüge, haben das erste Mal Schiss vor Landheimaufenthalten, erleben ihr erstes Verliebtsein mit Klassenkameraden, erproben sich mit kleinen und großen Mutproben, werden unterdrückt und mobben andere, lernen Ellenbogen einzusetzen, machen ungern Hausaufgaben und hassen Geschichte. Meine jungen KollegInnen hassen vermutlich auch Geschichte. Viele haben keine Ahnung, wie das mit dem Mauerfall war, und manche vermuten, dass Neonazis die Kinder der Nazis aus Hitlers Zeiten sind. Auch sie reisen gerne nach Berlin, weil sie die Stadt geil finden.
Meine Erinnerungen an die alten Zeiten werden nach meinem Abgang (Pension; manche nennen es Unruhestand) wieder frischer. Ich habe endlich Zeit, meine Gedanken zu sortieren. Ich habe sogar nachgeschaut, wann alles begann. Das Abitur, das Studium und die Referendarzeit mit anschließender Arbeitslosigkeit. Damals wurde fast niemand direkt in den Landesdienst übernommen. Viele von uns, so auch

ich, haben sich um eine Stelle im Privatschuldienst beworben. Ich arbeitete die ersten Jahre in einer Schule in einem Kinderheim.
„Hey Mustafa, gib endlich Ruhe. Ich kann auch nichts dafür, wenn du schlechte Laune hast, zu spät kommst und obendrein noch den Hausmeister dumm anmachst. Und du wunderst dich, dass du eine saftige Strafarbeit aufgebrummt bekommen hast?“ Mustafa kommt eigentlich immer zu spät, er wundert sich ständig über die bösen Erwachsenen, die ihn nie verstehen. Seine Kämpfe gegen die Ungerechtigkeit zermürben die Lehrkräfte und am meisten ihn selbst. Er macht es ihnen einfach zu leicht und er erfüllt die Prophezeiungen, die ihm von seinen „Lieblingslehrkräften“ gemacht werden, immer wieder aufs Neue. Er kapiert nicht, dass Schule heute immer noch nach dem Aschenputtel-Prinzip die SchülerInnen einteilt: „Die guten ins Töpfchen, die schlechten ins Kröpfchen!“ Im Kröpfchen sind dann die Unbelehrbaren oder Wiederholungstäter, deren schlechter Ruf ihnen vorauseilt und selten Chancen für Anpassung bietet. Davon später mehr.
GZSZ (Gute Zeiten, schlechte Zeiten): mein Lehrerleben war lang und ereignisreich. Mein kritischer Blick fällt in Corona-Zeiten ins Bodenlose. Vieles, was ich nicht für möglich gehalten hatte, wird erschreckende Realität.

Nur vormittags Unterrichtsverpflichtungen, die Arbeitszeiten selbst einteilen, jede Menge Ferien ...

Angefangen hat alles in einer Schule in einem Kinder- und Jugendheim. Wir Lehrkräfte waren ungefähr im gleichen Alter und in dem Schulneubau fühlten wir uns wohl. Wir probierten uns aus und wurden tatkräftig von dem Sozialarbeiter des Kinderheimes unterstützt. Überhaupt waren alle froh, dass wir da waren und nicht nur streng nach Lehrplan

unterrichteten, sondern auch versuchten, Beziehungen zu den Kids aufzubauen. Davon konnten alle profitieren.
Wir unternahmen verrückte Sachen, gingen mit den Jugendlichen einmal pro Woche auf eine Baustelle und ließen sie einen Nachmittag in der Woche allein gestalten. Unsere Projekte waren immer groß, wir bauten eine Halfpipe und Hütten aus Weidenzweigen. Weil die Einrichtung Land und Wiesen in ihrem Besitz hatte, schafften wir uns Schafe an. Als die Kids anfingen Nazischeiße zu grölen, sind wir mit ihnen nach Auschwitz (Polen) gefahren. Abends saßen wir Lehrkräfte dann zusammen und haben überlegt, wie es weiter geht. Im Nachhinein war der Beginn eine spannende und anstrengende Sache, auch weil die meisten von uns Berufsanfänger waren, und wir das ausprobieren wollten, was wir in der Hochschule gelernt hatten. Der Traum von der guten Schule wäre für uns fast Wirklichkeit geworden.
Warum es anders kam, lässt sich im Nachhinein nicht mehr genau rekonstruieren. War es die Omnipotenz in den Leitungsebenen, die Ignoranz der Schulbehörden, die Sicherheitsbedenken der Lehrkräfte oder einfach nur das Unvermögen, sich miteinander auseinanderzusetzen?

Wild thing ...

Respektlose Kinder können die Schulgemeinschaft ganz schön aufwirbeln. Dann funktionieren auch nicht mehr die gutgemeinten Ratschläge der KollegInnen: „Also bei mir klappt das ...“ Wenn auch Strenge und Autorität nichts mehr nutzen, ist guter Rat teuer. Kinder und Jugendliche stehen oft neben sich und machen Dinge, die sie hinterher bereuen. Von zu Hause sind sie nichts anderes gewohnt und sie haben mit einer inneren Unruhe zu kämpfen, die es ihnen unmöglich macht, „normal“ zu reagieren. Das macht es allen Beteiligten schwer und deshalb scheitert manchmal die Zusammenarbeit.

Die Frau auf der anderen Straßenseite winkte heftig, sie lachte und rief: „Hallo Herr Rauch, kennen sie mich nicht mehr?“ Ich tat zunächst einmal so, als ob ich sie erkennen würde, und lief auf sie zu. Sie schob einen Kinderwagen und hatte noch ein kleines Kind dabei. Doch, na klar, wie aus dem Gesicht geschnitten. Das war die Mutter von Lucas, einem Jungen, den ich wohl nie vergessen werde. Wir begrüßten uns herzlich, die Frau strahlte immer noch und erzählte die Geschichte ihrer Familie. Den Teil der Geschichte, den wir Lehrer nie (oder selten) mitbekommen, weil wir den Werdegang der Kinder nach unserer „Trennung“ nicht weiter verfolgen. Bei Lucas hätte sich das sicherlich gelohnt. Er konnte mit großer Akribie die Dominosteine aufreihen, durch das Klassenzimmer, unter den Tischen vorbei, an der Tafel endete das Ganze. Lucas hatte keine Steine mehr und die Spannung, wenn er den ersten Stein kippte und damit sein Werk in Bewegung setzte, war förmlich zu spüren. Wir alle in der Klasse hielten den Atem an: klack, klack, klack!
Das Sekundenglück spiegelte sich in seinem Gesicht, wenn es so verlief, wie er sich das vorstellte. Wir alle hatten große Sorge, dass es nicht

funktioniert, weil dann Lucas irgendetwas oder irgendjemanden dafür verantwortlich machte. Er konnte sehr wütend werden. Er fing dann ganz von vorne an, und niemand durfte ihn stören.

Kaum zu glauben, dass sich ein Kind mit ADHS[6] mit dieser Konzentration und Selbstvergessenheit auf ein Thema einlassen konnte. Für die meisten Menschen ist dieser „Zappelphilipp“ nicht zu kontrollieren, immer geht etwas kaputt, irgendein Streit entsteht und an Rechenregeln lernen oder schreiben ist schon gar nicht zu denken. Tatsache ist, dass ADHS viele Dinge verhindert, die im Schulalltag gefordert werden. Wir ließen Lucas immer öfter seinen Willen, und er kam immer mehr zur Ruhe. Zugegeben, es half auch, dass die Eltern sich irgendwann auch auf eine Medikamentierung von Lucas einließen. Dadurch konnten auch wir anderen die Inhalte bearbeiten, die uns wichtig schienen, und Lucas gelang es, sich tendenziell einzuklinken. Medikamente bei ADHS sind bei Eltern (zu Recht) nicht beliebt. Sie vermuten psychische und physische Spätfolgen, die ihr Kind zu einem anderen machen. Das ist nicht von der Hand zu weisen, deshalb raten wir den Eltern auch, dass sie ihr Kind medikamentös gut einstellen lassen, und Lehrer und Therapeut darauf achten, wie sich diese neurobiologische Funktionsstörung des Gehirns entwickelt. Bei Lucas konnten wir dadurch etwas aufatmen, unsere Beziehung zu ihm verbesserte sich grundsätzlich, und die Konflikte mit uns, den anderen Kindern und den Eltern wurden deutlich weniger.

---

[6] ADHS (Wikipedia): Die **Aufmerksamkeitsdefizit-/Hyperaktivitätsstörung (ADHS)** gehört zur Gruppe der Verhaltens- und emotionalen Störungen mit Beginn in der Kindheit und Jugend. Sie äußert sich durch Probleme mit Aufmerksamkeit, Impulsivität und Selbstregulation; manchmal kommt zusätzlich starke körperliche Unruhe (Hyperaktivität) hinzu.

Lucas kam bald danach auf eine Regelschule, und die Spur verlor sich irgendwann. Die Mutter erzählte aufgeregt weiter: „Wir sind wieder eine glückliche Familie. Lucas hat eine Ausbildung gemacht und anschließend eine prima Arbeit gefunden. Er verdient gutes Geld, ist verheiratet und hat ein Kind. Er wohnt weiterhin in der Stadt im Haus seiner Schwiegereltern. Wir sehen uns oft, und manchmal muss ich ja das Kind hüten. Damals waren wir ja oft verzweifelt und hätten nicht gedacht, dass sie Recht behalten sollten. Sie haben ja immer gesagt, dass das alles gut wird." Wir verabschiedeten uns herzlich. Ich ließ Lucas meine Grüße ausrichten und zog von dannen. Wow, solche Entwicklungen zeigen uns doch immer wieder, wie oft wir doch falsch liegen mit unseren Prognosen und unseren Einlassungen. Die schulischen Vorgaben sind bei Kindern mit Problemen wenig hilfreich. Außerdem werden Probleme z.B. bei Kindern mit ADS (also ohne Hyperaktivität) oft nicht oder sehr spät erkannt. Das wird dann laienhaft als „Träumerei" abgetan, weil diese Kinder nicht weiter den Unterricht stören, lässt man sie gewähren. Bei all diesen Problemen zeigen sich schulische Maßnahmen wenig flexibel und mutlos, weil die KollegInnen sich nicht trauen, individuelle Lösungen anzustreben. Aber das ist eine andere Geschichte.

Für den Blick zurück gibt es nicht sehr oft Zeit. Die Anforderungen im Lehrerberuf erlauben selten Rückblicke. Es zählt immer nur der Moment und was daraus folgt. Natürlich erinnert man sich an „Sternstunden" oder besser „Momente", die gut gelungen waren. Richtige Rückblicke oder sogar wehmütige Erinnerungen erlaubt man sich erst ganz zum Schluss. Gut so! Ich kannte das noch von KollegInnen, die vor mir in den Ruhestand entlassen wurden. Deren Geschichten nervten mich immer ein bisschen, weil ich dabei immer dachte, dass sie doch besser ihre Arbeit ordentlich zu Ende bringen sollten.

Meine Erinnerungen sind auch von harten Auseinandersetzungen, von manchmal unüberbrückbaren Konflikten und von nie endenden Gesprächen geprägt. Der Kampf um das Kind war nicht immer von Erfolg gekrönt. Manchmal schossen wir über das Ziel hinaus, oder Hilfen kamen zu spät. Es war auch immer schwer, gemeinsame Strategien mit KollegInnen zu finden und umzusetzen.

Komm mal um die Ecke, was für Beef?
Denn bei mir ist alles echt, was du siehst
Bleiben kriminell
In mei'm Leben hab' ich alles schon gesehen
Und du redest, ich hab' Angst, doch vor wem?
Bleiben kriminell
Komm mal um die Ecke, was für Beef?
Denn bei mir ist alles echt, was du siehst
Bleiben kriminiell
In mei'm Leben hab' ich alles schon gesehen
Und du redest, ich hab' Angst, doch vor wem?[7]

Salva war nicht einfach. Er lächelte immer, auch wenn er jemanden quälte. Schon in der 4. Klasse konnte er sehr gemein werden. Er hielt dann jemanden fest und drückte den Arm nach hinten, bis sein Gegenüber laut aufschrie und um Gnade bettelte. Das spornte ihn noch mehr an, er ließ einfach nicht los. Man musste ihn mit Gewalt wegziehen. Salva hatte dunkle Hautfarbe und war das einzige Kind seiner alleinerziehenden Mutter. An der Zusammenarbeit mit ihr war nichts auszusetzen. Sie bemühte sich auf allen Ebenen um Mitarbeit. Sie ging mit ihm zur psychologischen Beratungsstelle, akzeptierte einen Verhaltensplan

---

[7] AZET feat. ZUNA & NOIZY - KRIMINELL

für zu Hause und nahm alle Gesprächsangebote dankbar an. Allerdings musste sie auch arbeiten und musste ihren Sohn dann bei der Oma unterbringen, was sie nur notgedrungen machte. Am Ende der 6. Klasse wirkte die Mutter von Salva ziemlich hilflos. Die Probleme mit ihrem Sohn wuchsen ihr jetzt schon über den Kopf, und die Schule kam mit immer neuen Vorschlägen, was man alles machen könnte. Irgendwie kam die Sache nicht voran. Der „gute Wille" der Mutter und die Hoffnung der Lehrer, dass sich noch alles zum Guten wenden könne, verhinderten konkrete Schritte. Wie wir viel später feststellen konnten, war das alles zu wenig. Niemand weiß, ob wir die kriminelle Laufbahn von Salva hätten verhindern können. Aber ein ungutes Gefühl bleibt, weil wir unsere Möglichkeiten nicht ausgeschöpft hatten und zu früh in dem Glauben handelten, dass eine liebende Mutter es schon richten werde.

Die Möglichkeiten ausschöpfen, heißt es oft. Leider tun wir das so gut wie nie. Dazu fehlt uns das professionelle Handeln, für das wir nie ausgebildet wurden und das sich nie entwickeln konnte. Meistens fehlen uns die unterstützenden Partner, wenn es wirklich schwierig wird.

Ihr Wichser

Es war in einem Landheim am See. Wir saßen vor unseren Holz-Zelten und betrachteten dieses Schauspiel. Nur schemenhaft konnten wir Sascha sehen, der in Unterhosen und barfuß im Sicherheitsabstand vor uns hin und her galoppierte. Manchmal blieb er stehen und schrie in unsere Richtung. Das konnten wir nicht immer verstehen, nur manchmal blieben Sprachfetzen hängen: „Ihr Wichser, ich bringe euch um ... ich haue ab ... lasst mich in Ruhe ... ihr Wichser, ihr verdammten Wichser ..." So ging das in einem fort. Es war schon spät am Abend, und die anderen Kinder schliefen schon oder versuchten zu schlafen. Sascha hatte sich geweigert zu duschen, bevor er in seinen Schlafsack krabbeln konnte. Das hatte am Abend zuvor wunderbar funktioniert, und deshalb ließen wir ihn nicht in sein Zelt hinein. „Dann haue ich ab, ihr Wichser ..." Das Unglück nahm seinen Lauf.

In Ausnahmesituationen kommt es vor, dass Kinder und Jugendliche die Erwachsenen beschimpfen. Der Auslöser ist immer ein Ärgernis, das bis zu körperlichen Auseinandersetzungen führen kann. Besonders ehrverletzende Äußerungen sollen die Gegenüber herabwürdigen und verletzen. In der Psychologie wird oft argumentiert, dass diese Beschimpfungen ja nicht den gerade anwesenden Erwachsenen meinen, sondern im übertragenen Sinne andere Personen, die nicht anwesend sind. Im Konkreten läuft diese Interpretation ins Leere, weil Kinder und Jugendliche unterscheiden müssen, was sie zu wem sagen. Eine herabwürdigende Beschimpfung kann nicht wertfrei sein, da sie auch im Extremen eine Funktion hat. „Du hast gerade Hure zu mir gesagt, ich werde dich nicht mehr unterrichten und deine Mutter anrufen. Sie muss dich abholen, und wir werden besprechen, wie wir weiter verfahren." So könnte ein

„break“ aussehen, damit das Kind aus der Verteidigungszone genommen werden kann. Wenn Kinder nicht die Tragweite ihrer Beschimpfung erfahren, werden sie nicht mal versuchen, nicht die Kontrolle in einer Notsituation zu verlieren.

Meist versuchen Lehrkräfte das Verhalten ihrer SchülerInnen zu entschuldigen. Es wird noch abenteuerlicher, wenn sie versuchen, das Verhalten zu interpretieren. „Ihr wisst ja, was der Junge zu Hause alles erleiden muss, er kann halt nicht anders als sich verbal zu äußern, das muss man verstehen ...“ Das ganze Gerede hat dann nur ein Ziel: Wie komme ich aus der Nummer, ohne mein Gesicht zu verlieren? Es geht dann nicht mehr um das Kind, sondern um die eigene Haut. So berechtigt dieses Anliegen sein kann, dadurch wird unsere Beziehung zu dem Kind geschädigt. Wenn Orientierung und Grenzverletzung keinen Sinn mehr machen, werden Auswüchse und Haltlosigkeit gefördert. Wer möchte das schon? Der konfrontative Weg ist umfangreicher und erfordert den größeren Einsatz, wird sich allerdings für die Beziehung längerfristig auszahlen.

Eine Pausenaufsicht ist lustig ...

Wie sagte vor kurzem der Konrektor zu einem neuen Kollegen, der sich nach den Begebenheiten auf der Spielstraße erkundigte? „Es ist laut, die Kinder rennen umher wie gestört, manchmal gibt es Streit, aber alles relativ harmlos, keine Drogen, keine Gangs auf dem Pausenhof, also alles halb so wild.“

Wir standen auf dem Pausenhof, und nichts ließ auf das kommende Unheil schließen. Es war laut, die Kinder rannten wie gestört umher, manchmal gab es Streit, also wie immer. Ich hatte noch ein kurzes Gespräch mit der Kollegin, da kam das Schreien, unverhofft und laut. „Da hinten, kommen Sie, kommen Sie, schnell!“

Ich trabte nach hinten, hinter der Mauer, die nicht von überall einsehbar war, lag er auf dem Boden. Also Ismail lag auf dem Boden, die Hände zum Schutz über den Kopf gezogen, weil über ihm Enes auf ihn eindrosch. Mit den Füßen sprang er auf ihn, trat gegen den Kopf und auf alles, was er treffen konnte. Ich warf ihn auf die Seite, andere Schüler zogen Ismail aus der Gefahrenzone, und ich kümmerte mich um den Täter. Der kauerte derweil in einer Ecke auf dem Boden und weinte hemmungslos. Unverständliche Sprachfetzen: „Die lassen mich nicht in Ruhe, immer werde ich nach Hause geschickt, die machen das schon lange, ich sage gar nichts mehr, sonst ...“ Und so weiter. Ich war verunsichert, war Enes doch nicht der Täter? Einige SchülerInnen klärten mich auf. Enes wurde von drei Schülern „eingekesselt“. Nachdem sie nicht von ihm abließen, ist dieser irgendwann durchgedreht. Ismail bekam er noch in die Hände, der Rest ist bekannt, dachte ich. Später erfuhren wir noch, dass der Junge schon seit Wochen von den anderen verfolgt und gepiesackt wurde, auf dem Heimweg ihm aufgelauert und er von verschiedenen Schülern attackiert wurde.

Inzwischen war die Pause zu Ende, ich geleitete den Schüler mit beruhigenden Worten in sein Klassenzimmer. Ich versicherte ihm, dass nicht er, sondern die anderen nach Hause geschickt werden. Anfangs noch laut schluchzend, aber doch ruhiger, ließ er sich in sein Klassenzimmer bringen. Ich signalisierte der Klassenlehrerin, dass ich dableiben werde, bis sie die Sache mit den anderen geregelt hat. Die Kinder der Klasse waren ziemlich aufgeregt, sie ließen aber mit sich reden und setzten sich so langsam auf ihre Plätze. Dann stand plötzlich ein Junge auf und sagte: „Ich geh nach Hause." Oh Gott, der Junge ist autistisch und nicht einfach zu handhaben. Ich konnte den doch nicht gehen lassen. Also stellte ich mich an die Klassenzimmertür und hielt ihn auf. Ich hielt ihn mir mit der Hand vom Leibe, das geht bei Autismus gar nicht, er wurde dadurch noch mehr angestachelt. „Ich will nach Hause. Ich will nach Hause, ich will nach Hause ..." Endlose Wiederholungen. Ich ließ ihn kurzerhand nach draußen vor die Tür, der Flur endete hier, also rein in die Ecke mit ihm und absichern. „Ich will nach Hause, ich will nach Hause ..." Maurice schlich nun ständig um mich herum: „Lassen Sie ihn doch gehen, lassen Sie ihn doch gehen ..." Auch das noch. „Nein Maurice, ich kann ihn nicht gehen lassen, ich weiß ja gar nicht, wo er hingeht." „Er will doch nur nach Hause." „Aber das hier ist doch Schule, er kann jetzt nicht nach Hause." Kevin schlich nun auch um mich herum: „Soll ich helfen?" Auch das noch, wie sollte der Junge mir denn helfen können. Aber in meiner Verzweiflung sagte ich: „Oh, das wäre gut, was willst du machen?" „Ich halte ihn fest." „Ja, mach das doch." Und in der Tat packte Kevin den Jungen von hinten, umklammerte ihn und ließ ihn nicht mehr los. Das hätte ich ihm nicht zugetraut, er schleppte ihn auf seinen Platz zurück und ließ ihn viel später erst los, als der, inzwischen klitschnass geschwitzt, erschöpft aufgab.

Inzwischen war Dilara auf ihrem Platz zusammengesunken. Sie atmete schwer und fing an zu röcheln. Neben ihr lachte Ali schrill und laut vor sich hin. Ich wollte mich schon ihm zuwenden, da bemerkte ich, dass Dilara verzweifelt nach Luft schnappte. „Kind, was hast du denn?“ „Ich habe Asthma und mein Spray ist leer.“ Auch das noch. „Hat sie das schon mal gehabt, und was macht dann eure Lehrerin?“ Meine Frage verhallte ungehört im Raum, die Kinder schauten mich verständnislos an. Ich nahm Dilara behutsam und führte sie nach draußen vor die Tür. Beruhigen, hinsetzen, einatmen, ausatmen. „Geht es besser?“ Röcheln, also nein. Was sollte ich tun? Ich ging zurück ins Klassenzimmer. Ein Glas Wasser, vielleicht hilft das weiter? Im Klassenzimmer dicke Luft, verschiedene Kinder waren sich uneins, wie es weitergeht. Die einen wollten Wochenplan machen, die anderen Hausaufgaben, was allerdings von einigen vehement abgelehnt wurde, weil Hausaufgaben nicht in der Schule gemacht werden dürfen. Ich schlug vor, dass sie malen (!!) könnten, ging aber schnell wieder nach draußen. Wo war Dilara? Huch, da saß sie ja, auf dem Boden unter dem Tisch, immer noch schwer atmend. „Dilara, geht's dir besser?“ „Ja, ein bisschen.“ Gott sei Dank.

Die Stunde war zu Ende, die Klassenlehrerin kam zurück, die Situation löste sich in Wohlgefallen auf. Dilara konnte wieder atmen. Die anderen hatten sich beruhigt. Der Unterricht konnte wieder aufgenommen werden.

Kinder müssen sich ihre Überlebensstrategien zurechtlegen. Bei großem Stress kann es passieren, dass verschiedene Ereignisse aufeinandertreffen. Dann machen die Kinder Dinge, die nur vor dem

Hintergrund ihrer Lebenswirklichkeit zu begreifen sind. Wer hat uns jemals beigebracht, dies zu verstehen und damit umzugehen, und wer steht uns in diesen Situationen bei, sie zu bewältigen und aufzuarbeiten?

Oh happy Day ODER

Dieses Theater

Oh, happy day (Oh, happy day)
Oh, happy day (Oh, happy day)
When Jesus washed (When Jesus washed)
Oh, when Hi washed (When Jesus washed)
He washed my sins away, Lord (Oh, happy day)
Ah, happy day (Oh, happy day)[8]

Vor den Weihnachtsferien führte eine 6. Klasse eine Jesusgeschichte auf. Damit die Kinder ihre Hemmungen ablegen konnten, wurde das Ganze als Schattenspiel inszeniert. Deshalb traten die Kinder teils mit Handpuppen oder selbst als Schattenfiguren auf. Als Maria mit dem Jesuskind auf dem Arm auftrat, wurde die Situation unübersichtlich. Offensichtlich mischte sich auch der Lehrer ein, der die Kinder eindringlich anzischte und den einen Akteur, ich meine es war Josef, aus dem Schatten zerren wollte. Josef war aus einem Grunde ziemlich aufgebracht und während seines Abgangs spuckte er das Jesuskind an. In dem Moment wurde „Oh happy Day" angespielt und das Stück nahm seinen Lauf. Es gibt Dinge, die gehen schief. Vielleicht gelang es dem Lehrer seinen „Josef" reinzuwaschen (vgl. Oh happy Day) und ihn weiter für das Theater zu begeistern. Hervorzuheben ist der Mut der Pädagogen, auch mit schwierigeren Kindern das Wagnis Theater einzugehen. Vielleicht kann beim nächsten Mal Josef dann **vor** dem Vorhang auftreten und sein Selbstbewusstsein auf andere Weise stärken.

---

[8] Song von Edwin Hawkins, 1969

Das Theaterspiel an Schulen hat einen großen Stellenwert. Ich müsste eher sagen: das Theaterspiel an einigen Schulen hat einen großen Stellewert. Wenn man die LehrerInnen fragt, finden die das alles großartig, aber ... Für Kinder und Jugendliche ist das Theaterspielen eine tolle Sache. Sie lieben es, in andere Rollen zu schlüpfen und ihr Können zu zeigen. Allerdings gestaltet sich der Abstand von der eigenen Person und der Rolle im Theaterstück für manche sehr schwierig. Genau hier beginnt auch der pädagogische Auftrag. Der Übergang vom Spiel zur Darstellung fordert von den Darstellern alles ab. Sie lösen sich also vom eigenen Ego und „schlüpfen" in eine andere Rolle. Dadurch schärfen sie ihre Körperwahrnehmung, üben sich in sozialer Kompetenz und vertiefen ihre sprachliche Kommunikation.

„Theaterspiel fordert und fördert alle wesentlichen sozialen und kulturellen Fähigkeiten und Fertigkeiten, weil sie für das Gelingen des Spiels wirklich gebraucht werden: Aufmerksamkeit, Wahrnehmung, Gedächtnis, sprachlicher und körperlicher Ausdruck, Präsenz im Auftritt, Verlässlichkeit, Pünktlichkeit, Fantasie, Emotion, kulturelles Wissen, soziale Erfahrung, geistige und körperliche Beweglichkeit. Das gilt für alle Schularten und für alle Altersstufen, für den „Sommernachtstraum" ebenso wie das Improvisationstheater."[9]

In Deutschlands Schulen gibt es einen großen Widerstreit. Wieviel Zeit und Raum kann man dem Theaterspiel widmen? Die Antwort ist ernüchternd. Das hört sich so ähnlich an, wie die vom Lehrer an die Schüler gestellte Aussicht, dass noch eine Spielstunde angehängt wird, **wenn es läuft.** In den Köpfen der Pädagogen ist die Entkopplung von leistungsorientiertem Lernen und dem „Entschulen" im Theaterspiel nicht

---

[9] Von Eckart Liebau: *Professor für Pädagogik an der Universität Erlangen-Nürnberg.*

nachvollziehbar. Dass es auch anders geht, zeigt die Helene-Lange-Schule in Wiesbaden. Dort wird das Theaterspiel in den Jahrgangsklassen gefördert. In der 9. Klasse wird in einer fünfwöchigen Vorbereitung ein Stück zur Aufführung gebracht. In der Klasse 10 dürfen die SchülerInnen ebenfalls als Wahlpflichtfach Theater wählen und ebenfalls fünf Wochen nur Theater spielen. Das ist einmalig in Deutschland, und trotzdem sind die LehrerInnen in dieser Schule von diesem Konzept auch deshalb überzeugt, weil diese Jugendlichen in ihren Lernleistungen nicht schlechter abschneiden als vergleichbare Jahrgänge, sondern im Gegenteil in ihrer Persönlichkeit positive Entwicklungen zeigen.

In einem unserer Theaterstücke ging es um eine Liebesgeschichte, die nicht gut endete. Der unglückliche Liebhaber wählte für seine Trennungsrede viele Worte, aber er machte seine Sache ziemlich gut. Seine ehemals Angebetete sollte sich etwas aufregen, aber dann traurig von dannen ziehen. So war der Plan. In der Aufführung regte sie sich etwas auf, explodierte förmlich und gab ihrem Ex eine schallende Ohrfeige. Ein Raunen ging durch den Saal, einige lachten, und das Stück nahm seinen Lauf. Etwas war schiefgelaufen. Es war aber nicht weiter schlimm, im Gegenteil. Hami, unser Hauptdarsteller, hielt dieser „Regieänderung“ mit Bravour stand. Die Szene war nach der Aufführung der Gesprächsstoff für die Zuschauer. Warum unsere enttäuschte Geliebte so reagierte, konnten wir nur vermuten. In jedem unserer Stücke passierten Dinge, die so nicht geplant waren. Daran konnten wir auch sehen, wie weit unsere „Schauspieler“ mit sich und der Welt im Reinen waren. Dann konnten wir weiterarbeiten.

Raumschiff Enterprise ODER
Wozu ist die Schule da?

„Die Schulen, unendliche Weiten. Wir schreiben das Jahr 2020. Dies sind die Abenteuer der Lehrkräfte und ihrer Schüler, die mit ihren abertausenden KollegInnen schon ewige Zeiten unterwegs sind, um neue Unterrichtsformen zu erforschen, neue Schulen und ihre Verwaltungen. Viele Lichtjahre werden vergehen, bevor die Schulen zu dem werden, was nie ein Mensch für möglich gehalten hat."[10]

Kirk Wie kommen wir nur hier weg. Haben Sie eine Idee, Mr. Spock?

Spock Tja, Ideen habe ich schon. Aber mit der Durchführung hapert es im Moment.

Captain Kirk und seine Mannschaft erleben auf ihrer Reise unbekannte Bereiche des Universums. Dabei wollen sie mutig dorthin gehen, wo noch niemand zuvor gewesen ist. Diesen Mut wünscht man sich manchmal auch von unseren Bildungsplanern und Politikern. Vielleicht würde es schon genügen, wenn neue Ideen und Reformen eine Zeit lang für alle gelten würden und gemeinsame Anstrengungen in Richtung Ziel weisen könnten.

„Ich wollte nie zur Schule gehen/Ich wollte lieber Fernsehen sehen/Statt blöde Summen zu addieren/Zu subtrahieren und zu dividieren/Das Gerechne kann man sich schenken/Warum soll ich denn noch

---

[10] Entree **frei nach** Star Trek: Science Fiction Serie, USA 1966-69

so viel denken?/Wozu sich noch mit Zahlen quälen?/Es gibt doch Maschinen zum Geld zählen." (Lindemann feat. Haftbefehl, Frontman von Rammstein, deutsche „Tanzmetallrockband")

Es heißt doch, „der Erziehungs- und Bildungsauftrag" der Schule bestimmt sich aus dem Grundgesetz und den Verfassungen der Länder. Trotzdem wird vor allem die Bedeutung der Erziehung aus vielerlei Blickwinkeln unterschiedlich gewichtet.

„Ein in diesem Sinne auf die Ausbildung von Fähigkeiten zielender Unterricht muss jeglichen ‚Erziehungsauftrag' zurückweisen, der nicht aus den Bedingungen des Unterrichtes notwendigerweise erwächst. Die Schule ist (...) nicht der Ort eines allgemeinen ‚sozialen Lernens' – dafür sind die Familie und die Gleichaltrigen da –, sondern der Ort, wo man lernt, gemeinsam mit anderen geistige Arbeit – und nicht irgendetwas – zu betreiben." (Giesecke 1986, S. 144f). Während Giesecke den Anschein erweckt, als könne man das Erziehungsproblem negieren, wird in den Landesverfassungen anders formuliert.

In der Landesverfassung Rheinland Pfalz heißt es in den Grundsätzen für die Schulerziehung: „Die Schule hat die Jugend zur Gottesfurcht und Nächstenliebe, Achtung und Duldsamkeit, Rechtlichkeit und Wahrhaftigkeit, zur Liebe zu Volk und Heimat, zum Verantwortungsbewusstsein für Natur und Umwelt, zu sittlicher Haltung und beruflicher Tüchtigkeit und in freier demokratischer Gesinnung im Geiste der Völkerversöhnung zu erziehen." (Art. 33)

Die Schulpflicht wurde in Preußen 1763 eingeführt:

„Schön ist der Glocke Klang,
du hörst ihn gern mein Kind;
ruft er zur Schule dich,
so geh geschwind, geschwind."[11]

Friedrich Wilhelm I. war der Überzeugung, dadurch gute Untertanen zu bekommen. Er wollte also sein Volk zu wissenden Bürgern erziehen. In der Praxis scheiterte sein Ansinnen, weil z. B. in der Erntezeit die Eltern ihre Kinder für Wichtigeres benötigten.

1802 gab es so etwas wie Kindergärten für Kleine bis zum fünften Lebensjahr als freiwilliges Angebot zur Entlastung der Mütter. In der Weimarer Republik wurde die Schulpflicht bis zum 18. Lebensjahr erweitert. 1938 wurde die Hilfsschule als Vorstufe zur Euthanasie umfunktioniert. Die Hilfsschule war als Entlastung der Volksschule gedacht.[12]

Die Gewichtung war zunächst auf die Bildung gerichtet. Spätestens seit Wilhelm von Humboldt (* 22. Juni 1767 † 8. April 1835), sprach man auch von der ganzheitlichen Ausbildung. In diesem Verständnis von Bildung ging es im Sinne des Humanismus um mehr als um die Vermittlung von Inhalten. Es war klar, dass die Erziehung ein wichtiger Faktor in den Bildungsstätten wurde. Sollte doch mehr als ein Datenmonster die Schulen verlassen. Es sollte ein selbstverantwortliches Mitglied der Gesellschaft herausgebildet werden. „Die Schule begleitet die Schülerinnen und Schüler dabei, sich selbst wahrzunehmen, ihre Persönlichkeit

---

[11] So heißt es in einer ABC-Fibel für Bürger- und Landschulen aus dem 18. Jahrhundert.

[12] Bundeszentrale für politische Bildung: http://www.bpb.de/gesellschaft/bildung/zukunft-bildung//145249/geschichte-des-bildungssystems

zu entfalten und das Leben in der Gemeinschaft zu lernen."[13] In diesem Sinne sollte und wird die Erziehung wieder an Wichtigkeit gewinnen. Doch wie weit durfte (sollte) die Erziehung gehen?
Die o. g. schultheoretischen Debatten (vgl. Giesecke[14] der 90er Jahre), der Auszug aus der Geschichte oder die Verlautbarungen der Kultusministerkonferenz und der Kultusbehörden der Länder ergeben kein einheitliches Bild über Erziehung und Bildung. Die gesellschaftlichen Erwartungen sind immer hoch, was die Anforderungen an die Persönlichkeit unserer SuS angeht. Nur über eines sind sich alle einig: „Der Mensch kann nur Mensch werden durch Erziehung. Er ist nichts, als was die Erziehung aus ihm macht" (KANT 1983, S. 699/3; A 8). Kant hat den Begriff der Erziehung in vier Bereiche gegliedert:

Disziplinierung, Kultivierung, Zivilisierung und Moralisierung. Alles hatte das Ziel, dass der Mensch zur Selbstbestimmung fähig werde. Der Mensch also als sittlich vernünftiges Wesen, der die Kultur, die Werte und die Gebräuche Anderer achtet und akzeptiert.

Und was macht die Schule daraus?

Zunächst werden die Erziehungsziele vorgeschrieben. Sie unterscheiden sich in den jeweiligen Schulgesetzen der Länder und der Landesverfassungen, z. B. für Hessen: „Die Schulen sollen die Schülerinnen und Schüler befähigen, [...] nach ethischen Grundsätzen zu handeln und religiöse und kulturelle Werte zu achten [und] die Beziehungen zu anderen Menschen nach den Grundsätzen der Achtung und Toleranz, der

---

[13] Beschluss der Kultusministerkonferenz vom 11.10.2018, Bildung u. Erziehung, S. 5
[14] **Hermann Giesecke**, Wozu ist die Schule da? Die neue Rolle von Eltern und Lehrern, Stuttgart: Klett-Cotta-Verlag 1996, 344 S.

Gerechtigkeit und der Solidarität zu gestalten [...]. Die Schülerinnen und Schüler sollen insbesondere lernen, sowohl den Willen für sich und andere zu lernen und Leistungen zu erbringen als auch die Fähigkeit zur Zusammenarbeit und zum sozialen Handeln zu entwickeln, [...] ihre Wahrnehmungs-, Empfindungs- und Ausdrucksfähigkeiten zu entfalten und Kreativität und Eigeninitiative zu entwickeln."[15]

Das WAS wäre also geklärt, die Frage nach dem WIE bleibt. Bei der Erziehung werden immer dann Einschränkungen gemacht, wenn die Gefahr besteht, dass der Lernstoff zu kurz kommt. Ich habe schon erwähnt, dass die Lehrerschaft gerne auf Programme von außen zurückgreift. Diese werden meist von außerschulischen Trägern angeboten (z. B. „Move and do, Mannheim, Sozialkompetenztraining") und durchgeführt. Wie der Lehrer, die Lehrerin, in der eigenen Klasse allein verfahren soll, steht in den Sternen. Nach der Beendigung des „Programms" geht es wieder weiter im Text. Wenn die weitere Unterstützung fehlt, geht den besten Lehrkräften schnell die Puste aus.

In der Schule wird der Verlust von Erziehungstraditionen beklagt. Gemeint ist der Verlust von Unterstützersystemen wie Großeltern, Freunde, Nachbarschaft etc. und Beständigkeit in den Erziehungsmethoden. Berufstätige alleinerziehende Eltern geben den Bedürfnissen und Bitten ihrer Sprösslinge eher nach. Oft fehlen die Kraft und das Durchhaltevermögen, den Kindern Konsequenz und Auswirkungen ihres Tuns zu vermitteln. Welche Eltern geben zu, dass sie mit dem eigenen Kind nicht klarkommen? Dieses Tabu wird mit Vehemenz in die

---

[15] Hessisches Schulgesetz (- HSchG -) in der Fassung vom 2. August 2002 (GVBl. I S. 466), zuletzt geändert durch Gesetz vom 29. November 2004 (GVBl. I S. 330), § 2 Abs. 2 und 3.

Schulen getragen, wenn Eltern versuchen, ihre Kinder vor den Erziehungsmethoden der Lehrer zu schützen: „Bei uns zu Hause funktioniert das alles, das können sie mit meinem Kind nicht machen!“ Dabei hatte der Lehrer nur das Kind festgehalten, weil dieses mit Gewalt auf ein anderes Kind einprügelte. Gegen den Widerstand der Eltern anzugehen bedeutet nur einen Hinderungsgrund für aktive Erziehung in der Schule. Der andere Grund ist die Erziehung selbst. Es gibt wenig (keine) Handlungsanweisungen oder Theorien aus der Ausbildung, die für die Lehrerschaft von größerer Bedeutung wären. Unterstützung durch andere KollegInnen oder die Schulleitung hält sich in Grenzen, bzw. sie sind nicht vorhanden. Deshalb ist es auch hier wie fast immer im Lehrerberuf: Der/die EinzelkämpferIn sucht sich seinen/ihren Weg. Das ist beschwerlich, und deshalb reduzieren sich die Erziehungsbemühungen oft auf die Aufrechterhaltung von Disziplin und Gehorsam. Letztendlich genügt das den eigenen Ansprüchen nicht, und Frust und Verweigerung bestimmen das Handeln. Diese Probleme werden nur ungern oder gar nicht kommuniziert, es ist wieder einmal ein Tabu, das konstruktive Lösungen verbietet.

Deshalb wird das Raumschiff Schule sich schwerfällig weiterbewegen und vielleicht in ewigen Zeiten zu einer Schule werden, die wirklich ALLE begeistern wird.

Abenteuer, was sonst?

„Thorin setzt mit dem Rest seiner Gruppe seine Reise fort, und sie erreichen bald darauf den Einsamen Berg, wo Bilbo nach einem anfänglichen Misserfolg der Zwerge bei der Suche nach einer verborgenen Zugangstür den Eingang doch noch entdeckt. Entgegen der Anweisung Gandalfs wird Bilbo in seiner Funktion als „Meisterdieb" in den Berg geschickt, wo er den Arkenstein finden soll, der Thorins Herrschaftsanspruch als „König unter dem Berge" legitimieren soll. Bei seiner Suche weckt Bilbo jedoch den Drachen Smaug, der sich zunächst mit dem Hobbit ein Katz-und-Maus-Spiel in den Hallen des Zwergenreiches liefert. Als die Zwerge ihrem Freund zu Hilfe kommen wollen, schneidet ihnen der Drache den Rückzug durch die Geheimtür ab, und so flüchten die Gefährten weiter in die Tiefen des Erebor hinein. Sie nehmen die alte Zwergenschmiede in Betrieb, um Smaug mit einer Ladung flüssigen Goldes den Garaus zu machen, doch der Drache überlebt das Bad im heißen Gold. Inmitten der Verfolgungsjagd ist Smaug auf den Gedanken gekommen, sich an den Menschen der Seestadt wegen deren Unterstützung der Zwerge zu rächen. Trotz der Bemühungen Bilbos und der Zwerge den Drachen aufzuhalten, entkommt Smaug aus dem Berg und fliegt unter Bilbos hilflosem Blick in Richtung Esgaroth".[16]

Weshalb die Kinder sich den Fantasien von Tolkien (brit. Schriftsteller, dessen Roman „Der Herr der Ringe" zu einem der erfolgreichsten Bücher des 20. Jahrhunderts wurde) ausliefern und nicht genug bekommen von dem Abenteuer der Hobbits und ihrer Gefährten, liegt auf der Hand. Die eigene Fantasie wird angeregt und damit die Lust, eigene Geschichten zu erfinden und der wirklichen Welt zumindest zeitweise zu

---

[16] Wikipedia: Der Hobbit: Smaugs Einöde, Filmhandlung-Schluss

entfliehen. Psychologen sagen, dass solche Kinder die Gedanken, Absichten und Wahrnehmungen ihrer Mitmenschen besser verstehen als Altersgenossen.[17] Ein Vorteil im sozialen Miteinander, das zudem das Lernen beflügeln soll.

In meiner Schule hatten die Schulabgänger die Möglichkeit, einen Kurs während der Ferien zu besuchen: Das Lernen lernen. Die meisten Jugendlichen nahmen diese Möglichkeit nicht in Anspruch. Warum auch? Sollte diese Technik nicht am Anfang des Lernens stehen? Die Kenntnisse, dass bessere Lernergebnisse möglich sind, wenn die beiden Gehirnhälften gut zusammenarbeiten, erschließt sich auch den Lehrkräften nicht immer. Woher kommt die Motivation, wenn die Kinder bei jedem Lernergebnis von Lehrern und Eltern überschwänglich gelobt werden? Ich habe selbst erlebt, dass Kinder von ihrer Lehrerin über alle Maßen für eine schnell dahin gekritzelte Bleistiftzeichnung gelobt wurden. Was denken sich dabei die Kinder, oder was wird das, wenn sich die Kinder wirklich anstrengen müssen, um eine Arbeit zu erledigen? Wie werden Kinder belohnt und wie belohnen sie sich selbst? Wie werden Konzentration und Kreativität gefördert? Welche Rolle spielt das Elternhaus und die Freundesgruppe?

Bei diesen Fragen gibt es Antworten, die jenseits der Gesamtsituation für jeden Kontext Antworten haben. Diese Dinge (Motivation, Belobigung, kreatives Lernen usw.) werden in der Literatur gut beschrieben. Der Bereich Abenteuer wird in den meisten Fällen „ausgelagert". Die Erlebnispädagogik liefert hinreichend Möglichkeiten bezüglich kooperativer Lernspiele, die hilfreich und jederzeit für den Unterricht übertragbar sind. Die Frage bleibt, inwieweit dies geschieht. In Forschercamps, Hochseilgärten und Outdoor-Camps erleben sich die Kinder und

---

[17] Das beobachteten Psychologinnen von der University of Virginia in Charlottesville.

Jugendlichen ganzheitlich mit allen Sinnen. Dadurch wird Optimismus gefördert, und das Lernen wird nicht nur zur Kopfsache.

Dabei wäre es so leicht, abenteuerlich zu sein. In Minecraft[18] lernen die Kinder/Jugendlichen/Erwachsenen die Welt zu gestalten. Im Kreativmodus kann man sogar die Bösen wegsperren und ungestört kreativ sein. Oder man nimmt den Kampf gegen das Böse auf.

[18] In Minecraft (Computerspiel) startet man zunächst in eine gigantische 3D-Landschaft. Nun gilt es, diese komplett aus Würfeln bestehende Welt nach seinem Belieben zu verändern.

Nur ein Tag

Der Weg zur Autobahn verläuft schon schleppend. Am Kreisel gibt es unerwartet Stau. Dabei bin ich doch relativ pünktlich dran. Morgens kommt es auf die Minute an. Wenn ich ein paar davon zu spät losfahre, komme ich mindestens 15 Minuten später an. Interessiert schaue ich auf die Riesenbaustelle, die sich direkt neben dem Kreisel aufbaut. Hier kommt ein Zentrallager hin, und das soll sich auf den Verkehr unwesentlich auswirken. Sagen die im Rathaus. So ein Blödsinn.

Vor dem Autobahnkreuz, das mir zwei Möglichkeiten zum Weiterfahren anbietet, staut sich der Verkehr zurück, weil die Abbieger wilde Manöver fahren, damit sie „verlorene" Sekunden wieder reinholen. Niemand regt sich darüber auf, weil dieses Bild zum morgendlichen Ritual gehört. An den Ein- und Ausfahrten der Autobahn heißt es aufpassen: Verkehrsrückstau, Stillstand oder Schritttempo fordern die ganze Aufmerksamkeit. Ich schaue schon auf die Uhr, weil mein Parkhaus in der Stadt bald die Pforten schließt. Das bedeutete für mich, dass ich in der Umgebung der Schule keinen Platz finde (Anwohner) und ich einen längeren Fußweg in Kauf nehmen muss. Eine weitere Verzögerung würde meinen Start in den Tag negativ beeinflussen. Doch das Glück ist mir hold, und ich komme nach 45 Minuten am Parkhaus an. Puh, es ist offen. Gott sei Dank!

Der Fußweg zur Schule ist kurz aber abwechslungsreich. Es sind viele Menschen unterwegs: Bauarbeiter vom Umbau nebenan; Mütter oder Väter begleiten ihre Kleinen zur Schule; rauchende Muttis mit Hund gehen noch schnell Gassi; Kinderwagen verhindern das Weiterkommen, Autos parken umständlich halb auf dem Gehweg; hustende Opas schon auf dem Rückweg in ihre Wohnung; SchülerInnen versunken in ihre

Handys; und ab und zu kommt ein „Guten Morgen“, weil ein Elternteil mich erkannt hat. Außer diesem Morgengruß gibt es wenige Wörter in meiner Sprache, die ich verstehe.

Heute habe ich kein Frühstück dabei, ich muss Schlange stehen am Schulkiosk. Mir geht es wie den SchülerInnen, auf dem letzten Drücker noch etwas einkaufen, dann nichts wie hoch. Es sind immerhin drei Stockwerke und auf dem Weg dahin überhole ich viele schwergewichtige, laut atmende Kinder, die ab und zu stehen bleiben, damit sie den „Aufstieg“ schaffen. Oben angekommen werde ich freundlich begrüßt oder mit den ersten Problemen des Tages konfrontiert. Der unterrichtende Kollege ist schon da und ein bisschen verärgert, dass ich so reinplatze. Der Unterricht hatte schon angefangen, und die Kids waren gerade zur Ruhe gekommen. Die Versuche der Kinder, mich zu begrüßen, werden von dem Kollegen rigoros gestoppt. Naja, ich freue mich auch die Kinder zu sehen, und nach 2 Minuten nimmt der Tag seinen Lauf.

Als Lehrer in einer Inklusionsklasse bin ich unterschiedlich gefordert. Eigentlich sollen es ja besonders die Inklusionskinder sein, die von mir Unterstützung, differenzierende Maßnahmen und Zuspruch erhalten sollen. Aber natürlich wird so Inklusion nicht funktionieren. Deshalb fühle ich mich für alle Kinder zuständig und unterstütze diejenigen, die gerade Hilfe benötigen. An drei Tagen in der Woche unterrichten wir hier im zwei-Lehrer-Prinzip, und das kommt der Klasse zugute. Das schafft Raum, damit spezielle Probleme der Kinder auch nachhaltiger angegangen werden können. Das ist im Betrieb einer Regelschule nicht unbedingt Unterrichtsprinzip, denn hier herrscht gnadenlose Konkurrenz und Leistungsdenken nicht nur unter den SuS. Die LuL sind gefordert, möglichst im Gleichklang mit den Parallelklassen den Unterrichtsstoff zu pauken, um ihre Kinder mit mindestens den ähnlichen Zensuren wie in der Nachbarklasse zu versorgen. Da kommt manches Problem zu kurz, oder die rigorosen Maßnahmen der LuL überfordern die Kinder und bewirken nicht wirklich eine Verbesserung des Miteinanders. Ich stehe da manchmal zwischen den Stühlen, da ich einerseits auch präventiv arbeiten möchte und andererseits die Vorgaben der KollegInnen mittragen sollte.

In den nächsten zwei Stunden bin ich weniger gefordert. Der Kollege hat keinen Arbeitsauftrag für mich, und von meinen „Schäfchen" (Inklusionskindern) ist nur eines anwesend. Das werde ich nach zwei Schulstunden nach Hause schicken, weil es (wie so oft) über Kopfweh klagt und beinahe die Augen nicht aufhalten kann. Ich setz mich neben einen schwierigen Schüler und halte ihn vom Unsinn machen ab. Der Unterricht verläuft ruhig. Die Kinder haben sich auf den Kollegen eingestellt: Sie träumen vor sich hin, basteln irgendetwas, schreiben Briefchen oder tuscheln miteinander. Drei Schüler beteiligen sich an dem Frontalunterricht interessiert und beglücken damit den Fachlehrer. Ja, manchmal ist es eine Qual im Unterricht zu sitzen und nicht eingreifen zu können. Es ist schrecklich, alles von hinten zu sehen und damit einer Ernüchterung Raum zu geben, die wir als Lehrer nicht wahrhaben wollen. Unsere SuS interessiert unser Unterricht meist nicht, wenig oder nur tendenziell. Auch ich kämpfe mit meiner Müdigkeit und irgendwann habe ich auch den unterrichtlichen Faden verloren.

Nach der großen Pause wird es interessant. Ich zeige der Klasse unseren Film vom letzten Ausflug. Ach nein, es muss ja außerunterrichtliche Unternehmung heißen und an unterrichtliche Prozesse angebunden sein. Egal, den Kids gefällt es, und es ist schön zu sehen, wie sie sich beäugen, noch unsicher ob ihres Aussehens, manche kokettierend schon ein bisschen, aber meist heißt es: „Oh nein, wie ich aussehe. Das Bild müssen Sie sofort löschen." Und beim nächsten Mal schauen sie schon ein wenig länger und selbstbewusster auf sich.

Die Diskussion ist im vollen Gange. „Aber nein, mit der Parallelklasse wollen wir die Zimmer nicht teilen ... (zum hundertsten Mal). Gibt es auch WLAN ... (zum tausendsten Mal)? Warum bleiben wir nicht auch übers Wochenende?“ Und so weiter. Anschließend gibt es Informationen über den anstehenden Landschulheimaufenthalt. Dieses Thema berührt die Kinder schon seit Monaten. Es sind die freudige Erregung und gleichzeitig die Angst, zum ersten Mal für eine Woche weg von zu Hause zu sein. Die meisten Kinder freuen sich und schmieden Pläne, was sie alles anstellen wollen, wenn es erst einmal so weit ist. Eine tolle Gelegenheit, Freundschaften zu pflegen und Abneigungen zu formulieren.

Die Diskussion wird abgewürgt, oder wie es in der Pädagogiksprache heißt, wir haben schließlich Unterricht. Es steht Deutsch auf dem Stundenplan, also Bücher aufschlagen, Seite soundso, wer liest mal die Aufgabenstellung vor? Das Umschalten gelingt den Wenigsten. Aber diese Kompetenz wird die SuS das ganze Schülerleben begleiten: Flexibilität und Anpassung. Wer das nicht hinbekommt, wird auf der Strecke bleiben. Die letzte Stunde vor der Mittagspause gibt es Mathe. Noch einmal volle Konzentration, der Lehrer ist streng und beliebt. Wir teilen manchmal die Klasse, ein Teil mit mir in den Computerraum, der andere Teil verbleibt im Klassenzimmer. Leider wissen die Kinder und ich nie genau, ob geteilt wird oder nicht. Deshalb muss ich mich im Vorfeld, wenn die Kinder mir erklären, dass doch heute sie im Computerraum dran sind, der Angriffe erwehren. Dann die Ankündigung: „Wir teilen heute nicht, es steht etwas Wichtiges an!“

Oh weh, in der Mittagspause habe ich Aufsicht, unglücklicherweise habe ich mich als Springer für die Pausenaufsicht eintragen lassen, und das bedeutet unvorhersehbare Ereignisse. Wer hat das schon gerne? Seit ein Bildschirm vor dem Sekretariat hängt, kann auch jeder einsehen, wer, wann, wo eingeteilt ist. Also nichts wie runter, eigentlich wollte ich mit der Kollegin den Nachmittagsunterricht besprechen.

Der Nachmittagsunterricht beginnt mit einer Störung. Es gab einen Konflikt in der Pause. Wieso habe ich davon nichts mitbekommen? Ein Schüler wurde nach Hause geschickt, weil er körperliche Gewalt angewendet hat. Das ist eine Schulregel und die wird rigoros angewendet. Das wissen die Kinder, deshalb gibt es auch keine Diskussionen. Allerdings erfahren die Klassenlehrer meist nicht, was genau geschehen ist und welche nachbereitenden Maßnahmen daraus folgen (sollen). Der Unterricht beginnt verzögert, und die Kinder müssen sich darauf einstellen, dass ihre Spielstunde am Schluss des Unterrichtstages „so nicht stattfinden kann". Leider darf die Spielstunde nur bei Wohlverhalten stattfinden. Das ist eine Umkehrung des Prinzips, dass die Spielestunde stattfindet, um Wohlverhalten zu erzeugen. Im Laufe des Schuljahres gelingt es uns, die Spielstunde als festgeplante Stunde zu installieren. Die Idee ist hierbei, dass im Bereich des sozialen Miteinanders Lerneffekte nur durch Übung entstehen. Es ist also keine vertane Zeit, wie die meisten KollegInnen vermuten.

Der Tag neigt sich dem Ende zu, am Ende wird noch gestritten, wer den Kehrdienst (der heute nicht anwesend ist) ersetzen muss. Nachdem alle SuS (endlich) verschwunden sind, atmen wir erste einmal durch und versuchen anschließend, noch ein paar wichtige Dinge zu besprechen: „Was machen wir mit Yasin?" Der erscheint kaum noch zum Unterricht und sein Vater „entschuldigt" dieses Verhalten immer wieder. Das Jugendamt stellt sich tot, und nach dem Rat unseres Schulsozialarbeiters sollen wir doch in Vorlage gehen und einen Bericht über die Situation einreichen. Wir gehen von einer Kindeswohlgefährdung aus und formulieren dies auch so. Mal sehen ...

Die Heimfahrt beginnt schleppend. Ich bin wieder die ominösen Minuten zu spät dran. Schon auf der Ausfallstraße zur Autobahn gibt es Stau. Das kann heiter werden.

Die lieben KollegInnen

Sokrates[19] war ein Lehrer, der zugewandt, offen, bescheiden und vom Können seiner Schüler überzeugt war: „Der Lernende trägt bereits alles Wissen in sich. Die Aufgabe eines jeden Lehrers liegt lediglich darin, es, ähnlich der Tätigkeit einer Hebamme, zur Welt zu bringen (Sokrates, 469-399 v. Chr.)." 399. v. Chr. wird Sokrates angeklagt, die Götter der Polis (Stadtstaat) nicht anzuerkennen und die Jugend zu verderben. Er wird zum Tod durch den Schierlingsbecher verurteilt. Fluchtpläne seiner Freunde schlägt er aus, und nach einem letzten Beisammensein und Philosophieren trinkt er den Giftbecher und stirbt.
Es war große Pause und ein paar Hundert SchülerInnen waren auf dem Pausenhof. Ich schaute durch die Scheiben des Einganges und wunderte mich über die Unruhe, die direkt davor entstand. Ich ging also in Richtung Eingang und sah einen Mann, der äußerst erregt herumschrie und wild gestikulierte. Er wollte gerade die Türe aufreißen, als ich mich entschloss, ihn erst einmal draußen zu lassen (ein Fehler, wie es sich herausstellte). Der Mann schrie: „Wo ist diese blöde Schulleiterin, das werden wir erst einmal sehen ..." Er identifizierte mich als Hindernis und packte mich an der Lederjacke und schob mich vor sich her, bis eine Wand weiteres verhinderte. Ich war hilflos, weil ich durch seine Hebe-Schiebe-Aktion keinen Stand auf dem Boden fand und durch die Attacke ziemlich überrascht wurde. Nun versuchte ich mich zu befreien, indem ich meine Hände unter seine schob. Einige Kollegen kamen mir zu Hilfe und mit vereinten Kräften legten wir den Mann auf den Boden und hielten ihn fest. Dadurch hatte ich einen Moment, um mich zu sortieren und Weiteres zu überlegen. In dem Moment ließen die Kollegen den Mann los. Dieser sprang auf und setzte seine Schreierei fort. Er konnte

[19] Wikipedia: https:/de.wikipedia.org/wiki/Sokrates

ungehindert die Schulleiterin aufsuchen und sein Anliegen herausbrüllen. Viele Schüleraugen haben diesen Vorgang durch die Scheiben beobachtet. Sie beschimpften im Nachhinein die Lehrer als Feiglinge, weil sie klein beigegeben hatten. Der Einsatz meiner Kollegen war vielleicht symptomatisch für Lehrerverhalten: Gutgemeinte Ansätze werden oft nicht durchgehalten.

Der Einstieg in den Lehrerberuf gehört zu den sensiblen Bereichen in der Schule. Neben den Kenntnissen in Methodik (WIE) und Didaktik (WAS) gehört der ganze Mensch dazu: Körper, Geist und Seele. Wie gestaltest du deine Körpersprache; kennst du die Techniken nonverbaler Kommunikation; wie gehst du mit schwierigen SchülerInnen und Situationen um; wie kannst du deinem pädagogischen Auftrag nachkommen?

In der Realität ist es viel profaner, als man denkt. Welchen Impuls habe ich von meiner Ausbildung mitbekommen und mit welcher Methode war ich in dieser Zeit erfolgreich? In den letzten Jahren waren wieder die „Chefs im Ring" gefragt. „Du bist der Boss, zeige es deinen SchülerInnen." Was für ein Unsinn den Leuten so erzählt wird. Aber sie führen sich genauso auf: Keine Auseinandersetzung, keine Diskussion ... Viele Junglehrer begeben sich nicht in die Unsicherheiten des Alltags. Sie wollen dominieren und erreichen oft das Gegenteil und verbergen ihre Unsicherheiten hinter einer Mauer von Ignoranz und Schweigen. Gerade in konflikthaften Situationen ist das wenig hilfreich. Viele haben Angst ihr Gesicht zu verlieren. Jede/r möchte dominieren und zeigen wie stark sie/er ist. Schwäche zuzugeben geschieht nur im kleinen Kreis und wird schnell wieder verdrängt. Eigentlich schade, weil die Helferkompetenz der Lehrerschaft viel mehr leisten könnte. Die eigentlichen Gefahren kommen von außen: Die Eltern, die Vorgesetzten und die eigenen KollegInnen prägen ein Lehrerleben früh und nachhaltig.

Eltern kennen sich heutzutage besser aus: in der Erziehung, bei der Einforderung ihrer Rechte, in der Organisation von Elterngruppen in der Schule und vor allem beim Einklagen, was andere mit ihren Kindern nicht machen dürfen. Diese Entwicklung hatte man sich in der Schule schon immer gewünscht: Engagierte Eltern mit Sachverstand und Mut, die Rechte ihrer Kinder zu vertreten. Was ist daraus geworden? Konfrontation und Schuldzuweisungen. Die meisten guten Ansätze werden im Keim erstickt. Nicht die Kinder oder ihre Eltern wurden ursächlich für diese oder jene Misere verantwortlich gemacht, sondern die LehrerInnen stehen im Kreuzfeuer der Kritik. „Was, mein Kind hat eine 2-3 geschrieben? Sie haben es ihm nicht richtig erklärt!" Damit umzugehen hat man uns nicht beigebracht, also schieben wir diese Probleme erst einmal weg und beteiligen uns selbst an Schuldzuweisung, denn darin sind wir ja ExpertInnen.

Bei allen Problemen, die in einer Schule auftreten können (Verhaltensauffälligkeiten, ADHS, Mobbing, sprachliche Defizite, unangepasste Kinder aus anderen Kulturen, Gewalt ...) sollten es die Lehrer sein, die die Kultur der Schule prägen. Das wird nicht von allen so gesehen, und deshalb kommt es zu uneinheitlichen Vorgehensweisen der LehrerInnen. Zum Beispiel wurde in einer Schule wegen Platzgründen ein Teil des Pausenhofes nach außen auf den Bürgersteig verlegt. Das eine Ende konnte man nur einsehen, wenn man sich dahin begab. Fast keine Lehrkraft machte sich auf den Weg dorthin. Der Grund war lapidar und einleuchtend: Den Rauchern unter den Jugendlichen sollte ermöglicht werden, eine Kippe in der Pause zu rauchen. Einzelne LehrerInnen, die dies verhindern wollten, mussten erhebliche Konflikte und Auseinandersetzungen mit den betroffenen Kids austragen. „Ich habe nicht geraucht, beweisen sie mir das." Ich muss hier nicht erwähnen, welche verheerenden Folgen diese „Maßnahme" der LehrerInnen für die

SchülerInnen hatte. Als wir Monate später den Pausenhof verkürzten und damit übersichtlicher gestalteten, haben wir gleichzeitig damit das Rauchen „abgeschafft". Die eindeutige Ansage von uns LuL zeigte nachhaltige Wirkung, und das Rauchverbot wurde zähneknirschend akzeptiert. Klar ist aber auch, dass Verbote dieser Art nur durch gemeinsames Vorgehen Sinn machen.

Einerseits ist es ein Nachteil, wenn Deutschland laut OECD[20] die älteste Lehrerschaft in Europa hat (es fehlen der jugendliche Elan, die Bereitschaft eine Feedbackkultur zu prägen, der Wille zu fruchtbaren Auseinandersetzungen, innovative Ideen u.v.a.). Auf der anderen Seite wird dadurch eine Menge an Erfahrung generiert, die leider in den meisten Fällen ungenutzt bleibt. Auch hier macht sich das Einzelkämpfersyndrom bemerkbar. Es hat sich eine Kultur des „Motzens und Schimpfens" breit gemacht, die Schwachpunkte aufzeigt, aber keine Bereitschaft Dinge zu ändern. „Das ist halt so, da können wir nichts machen ..."

LehrerInnen begeben sich oft in die Schattenseiten ihres Kollegiums. Hinter verschlossenen Türen verhandeln sie mit ihrem/ihrer SchulleiterIn persönliches und nicht für die Öffentlichkeit bestimmtes. Das ist in Ordnung, wenn nur nicht daraus Abhängigkeiten konstruiert werden, die der Kollegialität schaden. In der Annahme, dass diesen „Deals" eine Gegenleistung folgen müsste, werden kritische Haltungen gegenüber der Schulleitung nicht gezeigt. Was die Kollegin mir im aufgeregten Zustand noch als Argument gegen das Vorgehen ihres Schulleiters vorgebracht hatte, wird in der Öffentlichkeit der Konferenz verschwiegen. Ein ungutes Gefühl stellt sich bei der Diskussion ein, weil nie klar wird, was die Leute eigentlich wirklich denken.

---

[20] Wikipedia: Die Organisation für europäische wirtschaftliche Zusammenarbeit (englisch *Organisation for European Economic Co-operation OEEC*)[4] agierte ab dem 16. April 1948. Das Ziel der OEEC war, ein gemeinsames Konzept zum wirtschaftlichen Wiederaufbau und zur Zusammenarbeit in Europa zu erarbeiten und umzusetzen.

„Ich muss meinen Stoff durchbringen." Dies wird immer noch als Qualitätsnachweis gehandelt. Wer ewig hinter den Stoffvorgaben hinterherhinkt, der macht irgendetwas falsch. Dabei werden oft die übergeordneten Lernziele vernachlässigt:

> Welche Bedeutung hat die Erreichung eines Zieles für die Schülerschaft?
> Inwieweit werden Kompetenzen erreicht/gestärkt?
> Kann das erreichte Wissen auf andere Lerninhalte übertragen werden?

Ein Lernziel zu formulieren und am Ende einer Stunde/einer Woche/eines Projektes abzufragen, scheint zunächst leichter zu sein. Der Zuwachs an Wissen lässt sich leichter abfragen. Der Mut zur Lücke wird nicht beigebracht. Anstatt gelernte Inhalte zu vertiefen, geht es weiter im Text. Auf die Nachzügler und langsam Lernenden, auf die Störer und nicht Verstehenden wird keine (wenig) Rücksicht genommen. Das rächt sich später, wenn die SchülerInnen wieder mal nichts verstanden haben: „Bei dem kapiert doch keiner was!" Frust und Störungen nehmen zu, die Lehrerschaft hat keine Schuld: „Ich habe es doch wirklich oft genug erklärt."
Es ist wieder in Mode gekommen, sich hinter den Vorgaben und Vorschriften zu verstecken. Da kann sich jeder rausreden. Heterogene Schülerschaft, unterschiedliche Lernvoraussetzungen und dazu die Integration von ausländischen Kindern und inländischen Problemschülern bringen die Lehrerschaft an Grenzen. Da beschweren sich Lehrkräfte zurecht aber ohne Nachhall. Wir können das eigentlich besser!

Die lieben Kinder

Das gemeinsame Essen (Ganztagesschule) mit den Kindern produzierte bei uns Erwachsenen ungeahnte Fantasien („ ... der kommt hier nicht mehr an den Tisch ..., es wird gegessen, was auf den Tisch kommt ..., wenn der noch einmal mit dem Essen rumkleckert, dann ...“ usw.). Die Konfrontation mit den Essgewohnheiten der Kinder ließ uns an Grenzen kommen. Nach den ersten Wochen der Eingewöhnung hatten wir mühsam eine Übereinkunft getroffen: Wir fangen gemeinsam an, der Lehrer schöpft euch raus und ähnliches. Daniel scherte sich nicht darum. Heute isst er Kartoffelbrei und morgen eben nicht. Die Regeln bei ihm durchzusetzen erforderte Ausdauer, Nerven, Zeit und Kraft.

Einmal saß ich über eine Stunde mit ihm allein am Tisch, bis er sich bereit erklärte den Boden aufzuwischen, den er vorher wutentbrannt mit seinem Essen vollgekleckert hatte. Ein andermal „flüchtete" er nach einem Wutanfall vom Tisch, lief zum Fenster, öffnete es und sprang aus 2 m Höhe auf den Rasen, lief weiter zur Mauer und überkletterte auch diese. Er verschwand spurlos und erst zwei Stunden später erhielten wir einen Anruf der Mutter, die sich darüber beklagte, dass wir ihren Sohn unbeaufsichtigt gehen ließen. Am nächsten Tag aß Daniel wieder seinen Kartoffelbrei.

Der Verfall von Sitte und Anstand wird befürchtet. Es geht um nichts Geringeres als den moralischen Anspruch auf gutes Verhalten und die entsprechenden Umgangsformen miteinander. Was dies im Einzelnen sein kann, unterliegt den Strömungen des Zeitgeistes und verändert sich ständig. In der Sexualmoral zeigt sich am ehesten, wie sich Dinge ändern (können). Auf der einen Seite sind wir liberaler und pluralistischer geworden (Homosexualität, Freizügigkeit etc.), auf der anderen Seite wird Abtreibung oder außerehelicher Sexualverkehr wieder als „no go" angesehen. Die Kinder sind in den Zwängen ihrer (auch konservativen) Eltern gefangen, die Gehorsam und Anpassung als oberste Priorität ausgeben. Da bleibt wenig Platz für selbstbestimmtes Handeln und Entwicklung. Dann sind es die Kinder, die durch das Erziehungsverhalten ihrer Eltern (Großeltern und Verwandten) sehr ambivalente Botschaften erhalten. „Heute ist die Mama nicht gut drauf, da gehe ich ihr besser aus dem Weg ..., morgen, wenn ich die gute Note nach Hause bringe, kann ich wieder alles bekommen ...".

Der übermäßige TV-Konsum wurde für viele unliebsame Verhaltensweisen der Kinder und Jugendlichen verantwortlich gemacht. Die Flimmerkiste läuft schon morgens, wenn die Mutter/der Vater den Brei für die Kleine einrührt. Die Gefühls- und Lebenswelt der Kinder veränderte

sich durch diese Reizüberflutung und andere bedeutsame Nebenerscheinungen (Un-Aufmerksamkeit, Stress, Aggressivität usw.).
Mit dem SMARTPHONE begann eine neue Zeitrechnung. Die Kinder und Jugendlichen (und die Erwachsenen) sind von ihren Kleincomputern nicht mehr zu trennen. Vor ca. zehn Jahren wurden uns Glück und die Erleichterung für alle Lebenslagen versprochen. Was ist davon übriggeblieben? Heute gibt es Apps[21], die den Nutzer belohnen, wenn er sein Handy mindestens eine halbe Stunde liegen lässt. Der „gesenkte Kopf" ist zum Markenzeichen der Handy-Benutzer geworden. Der Blick ist gesenkt, die Wahrnehmung für die Umwelt und Mitmenschen eingeschränkt und die Sinne auf ein Ding gerichtet: Was passiert gerade auf meinem Phone? Doch der differenzierte Blick auf die „neuen" Kommunikationsstrukturen erlaubt auch positive Rückschlüsse auf das Medium Smartphone: Soziale Kontakte werden gepflegt, die Familie kann jederzeit in Entscheidungen einbezogen werden, „Freundeskreis" vergrößert sich, Treffen und Abmachungen fallen leichter usw.

„Spionage-Apps" orten die Handys und damit den Aufenthaltsort der Kinder oder der Lebensgefährten. Apps für alle Fälle und Lebenslagen begleiten uns, steuern unser Leben. „Was, du hast kein WhatsApp? Wie soll ich dich erreichen?" Bei diesem Messenger kann man Sprachnachrichten oder Videobotschaften senden. Das geschriebene Wort spielt nicht mehr die große Rolle. Als Lehrer dachte ich immer: Durch die sozialen Medien schreiben meine Schüler endlich. Das hat sich als Trugschluss herausgestellt. In den Schulen herrscht mittlerweile

[21] GS-Lexikon: Eine **App** ist ein Programm, wie zum Beispiel ein Textprogramm oder ein Spiel, das den Benutzer in einem *bestimmten Bereich* unterstützt. **App** bezeichnet: Anwendungssoftware (Application software)

Handyverbot. Die SuS umgehen das nach Kräften, auf dem Klo, versteckt unter dem Tisch, oder in der Pause, unter der Jacke verborgen. Kinder werden Tag und Nacht beaufsichtigt. Diese „überprüfbare" Zeit ist nicht gleichzusetzen mit behüteter Zeit oder gar konstruktiv verbrachter Geborgenheit. Die Kinder sind beaufsichtigt und kontrolliert, mit wenig Möglichkeiten der Gestaltung nach eigenen „Kindergesetzen". Ihnen wird nichts mehr zugetraut: „Das ist viel zu gefährlich." In der Bindungstheorie[22] geht man davon aus, dass Säuglinge, Kleinkinder ein sicheres Gefühl benötigen, um die eigene Bedürfnislage zu entwickeln und selbstbestimmt zu agieren. Das heißt, die Bezugspersonen sind für die Kinder der „sichere Hafen", der Verlässlichkeit und Entwicklungsmöglichkeiten bietet. Die sozio-kulturelle Entwicklung und deren Störung ist auf Defekte und Störungen im Bindungsverhalten der Bezugspersonen zurückzuführen.

Bindungsstörungen können zu ADHS, Borderline[23], Angst- und Abhängigkeitsstörungen führen. Außerdem erhöht sich die Gefahr, dass diese Kinder straffällig werden.

Sehen wir einmal von Umwelteinflüssen und Essverhalten ab, gibt das ein gehöriges Päckchen, das in der Schule ankommt und nach Bildung schreit.

---

[22] Wikipedia: **Bindungstheorie**: psychologische Theorie, die auf der Annahme beruht, dass Menschen ein angeborenes Bedürfnis haben, enge und von intensiven Gefühlen geprägte Beziehungen zu Mitmenschen aufzubauen.

[23] Wikipedia: Die **Borderline-Persönlichkeitsstörung** (**BPS**) oder **emotional instabile Persönlichkeitsstörung des Borderline-Typs** ist eine psychische Erkrankung. Typisch für sie sind Impulsivität, instabile aber intensive zwischenmenschliche Beziehungen, rasche Stimmungswechsel und ein schwankendes Selbstbild aufgrund von gestörter Selbstwahrnehmung. Hinzu kommen oft selbstschädigendes Verhalten, Gefühle innerer Leere, Dissoziationserlebnisse und Angst vor dem Verlassenwerden.

Schule in Corona-Zeiten

Während der Corona-Pandemie waren Millionen von Eltern plötzlich auf sich allein gestellt und von der Situation überfordert. Bei der Erziehung und der Bildung ihrer Kinder wurden sie nicht oder nur unzureichend von den vertrauten Institutionen unterstützt. „Gliedern sie den Schulalltag in Halbstundenschritten", so hieß einer der Tipps, die den Eltern beistehen sollten. Plötzlich sollten die Eltern mit ihren Kindern Lernziele formulieren oder den Lernvormittag strukturieren. Die Aufgabenpäckchen der Schule waren hierbei keine Hilfe. Oft waren dadurch die Kinder erst richtig überfordert und konnten, leider, leider, ihren Lehrer nicht um Rat fragen. Mit dem digitalen Lernen sah es ähnlich aus. Bei den Videokonferenzen mit ihren Klassenkameraden kam vieles zur Sprache, was mit dem Lernen nichts zu tun hatte. Immerhin kam Freude auf, obwohl die Lehrer bei der Auswahl der Video-App wenig auf den Datenschutz achteten. Außerdem machte der Gebrauch von Lernmodulen im Internet die Sache nicht immer einfacher. Die wenigsten habe sichere und schnelle WLAN-Verbindungen, Computer oder Tablets auf dem neuesten Stand und vor allem das Können, sich dieser Dinge zu bedienen (vgl. E-Learning oder so ähnlich). So geschah es, dass viele Kinder verzweifelte Eltern auf den Plan brachten, die eine baldige Rückkehr zur Normalität einforderten. Selbst die Kinder sehnten sich nach der Schule zurück. Höchste Zeit, wenn man der Vodafone-Umfrage glauben darf: Die Hälfte der Lehrkräfte (51 Prozent) befürchtet, dass sich bestehende soziale Ungleichheiten bei den Schülerinnen und Schülern durch die Schulschließungen weiter verschärfen werden.

In einem YouTube-Video von Verena Pausder (Digitale Bildung für alle Kinder) zeigt die Autorin die Diskrepanz zwischen Wirklichkeit und Anspruch. Die Kinder erhalten immer noch die gleiche Bildung wie ihre

Eltern und werden gleichzeitig in die digitale Welt entlassen. Pausders Credo lautet: „Wir müssen dafür sorgen, dass die Kinder mehr als nur Konsumenten der digitalen Welt sein werden."

Kinder und Jugendliche erleben die Welt, in der sie leben, sehr inhomogen und verwirrend. Auf der einen Seite der Fortschritt auf dem digitalen Sektor, den sie nach Kräften nutzen wollen. Auf der anderen Seite die Probleme unserer Zeit: Kriege und Flüchtlingsbewegungen, die Kluft zwischen arm und reich, Klimawandel und Umweltverschmutzung u.v.a. Die schulischen Antworten sind unzureichend und nicht auf der Höhe der Zeit. Die digitale Entwicklung wurde verschlafen, und die schulischen Angebote reduzieren die Kinder wieder auf das Lernen von Inhalten, während in den Bildungsplänen die schönen Ziele formuliert sind (vgl. „Wozu ist die Schule da?"). Wen wundert es da, dass in den Schulen von den schwierigen Kindern erzählt wird, die „normalen" Unterricht unmöglich machen?

„Die Jugend liebt heutzutage den Luxus. Sie hat schlechte Manieren, verachtet die Autorität, hat keinen Respekt vor älteren Leuten und schwatzt, wo sie arbeiten soll. Die jungen Leute stehen nicht mehr auf, wenn Ältere das Zimmer betreten. Sie widersprechen ihren Eltern, schwadronieren in der Gesellschaft, verschlingen bei Tisch die Süßspeisen, legen die Beine übereinander und tyrannisieren ihre Lehrer." (Sokrates)
„Die Klimakrise ist eine reale Bedrohung für die menschliche Zivilisation – die Bewältigung der Klimakrise ist die Hauptaufgabe des 21. Jahrhunderts. Wir fordern eine Politik, die dieser Aufgabe gerecht wird." Fridays

for Future[24] beweist uns, dass die uns anvertrauten Kinder und Jugendlichen bzw. jungen Erwachsenen sehr wohl in der Lage sind, Verantwortung für ihr Leben und das der anderen zu übernehmen. Das wollten wir doch, oder?

[24] Wikipedia (DE): **Fridays for Future** ist eine globale soziale Bewegung ausgehend von Schülern und Studierenden, welche sich für möglichst umfassende, schnelle und effiziente Klimaschutz-Maßnahmen einsetzen, um das auf der Weltklimakonferenz in Paris 2015 im Weltklimaabkommen beschlossene 1,5-Grad-Ziel der Vereinten Nationen noch einhalten zu können.

Willkommen auf dem Schulamt

In Baden-Württemberg wurden mit dem Schuljahr 2019/2020 zwei Institute eröffnet, die z.T. die Aufgaben der Schulämter übernehmen sollen: Das Zentrum für Schulqualität und Lehrerbildung (ZSL); das Institut für Bildungsanalysen Baden-Württemberg (IBBW). Die Lehrerschaft befürchtet hier eine Zunahme der Überwachung und Steuerung von Schulprozessen.

In der heutigen Mangelwirtschaft werden die Schulen kaum oder gar nicht unterstützt. Das hat vielerlei Gründe, einer davon ist die Unterbesetzung in fast allen Sektoren der unteren (Schulamt) und oberen Schulaufsicht (Regierungspräsidium). Welche Auswirkungen hat dies auf die Arbeit in den Schulen?

In vielen Bereichen erleben die LehrerInnen ihr Schulamt und insbesondere ihre(n) Schulrat/Schulrätin nur als Verwaltungskraft, die besonders bei der Lehrerzuweisung und mit Abstrichen bei der Vermittlung von Krankheitsvertretungen in Erscheinung tritt. Darüber hinaus werden die Vorschriften von „oben" kommuniziert und weitergeleitet. Bei der Schulentwicklung, bei der Erprobung neuer Verfahren, bei der Unterstützung in problematischen Situationen oder als Ansprechpartner für Alltagsgeschichten stehen die Schulräte nicht mehr zur Verfügung.

Als Beispiel kann ich hier die Inklusion nennen. Die wurde in Baden-Württemberg eingeführt, zunächst ohne nennenswerte Verwaltungsvorschriften, die für die jeweiligen Rahmenbedingungen der Lehrkräfte und der Schülerschaft gestalterisch gewirkt hätten (vgl. Die Inklusion[25] oder die Unmöglichkeit eine Reform durchzuführen). In sogenannten Versuchsbezirken sollten die Möglichkeiten der Inklusion erprobt und umgesetzt werden. In Schulen, bei denen dies annähernd gelang, hielt man es nicht für notwendig, die Prozesse fachlich zu begleiten oder gar zu evaluieren! Bei den anderen Schulen, die mengenmäßig weit in der Überzahl waren, wurden nicht einmal im weitesten Sinne gelingende Bedingungen für Inklusion geschaffen. Lehrkräfte kamen dabei oft direkt aus dem Referendariat und mussten sich erst einmal in der Berufswelt zurechtfinden. Da wurde es dem Geschick und dem Glück der Lehrkraft überlassen, sich in dem neuen Berufsfeld zu beweisen. Eine kritische Haltung oder sogar Forderungen im Sinne der Kinder durchzusetzen, das konnte sich so nicht entwickeln. Die meisten Lehrkräfte waren am Ende froh, wieder in ihre Stammschule zurückzukehren und auf milderes Klima zu hoffen. Aber auch erfahrene Lehrkräfte kommen in der Inklusion an ihre Grenzen, da auch sie vom guten Willen und der Bereitschaft der Regelschulen, sie zu unterstützen, abhängig sind. Ist dies nicht der Fall und die Teamkollegen in der Regelschule können oder möchten nicht im Sinne aller SchülerInnen zusammenarbeiten (auch dies hat viele Gründe), wird es schwer. Diese Situation ist von außen betrachtet schwer nachzuvollziehen: als Einzelkämpfer in einer fremden Schule ohne in Prozesse einbezogen zu sein, nur mit großen Belastungen verbunden. Diese Belastungen führen in erster Linie zu Frustration, was aber weit schwerer wiegt, zu Resignation. Die Lehrkräfte suchen den Weg des geringsten Widerstandes. Schlimmstenfalls

---

[25] In der 2006 beschlossenen UN-Konvention über die Rechte von Menschen mit Behinderungen verpflichten sich die Unterzeichnerstaaten, ein *inclusive education system* (engl., dt. *inklusives Bildungssystem*) zu errichten, in dem der gemeinsame Unterricht von Schülern mit und ohne Behinderung der Regelfall ist.

„unterwerfen“ sie sich den Vorgaben der Klassenleitung und/oder Schulleitung, ohne auf die Umsetzung der Inklusion zu achten. Wer kann es ihnen verdenken, wenn sie versuchen sich selbst zu schützen? Doch was macht das Schulamt? NICHTS! In einem Gespräch mit dem zuständigen Schulamt wurde den Lehrkräften mitgeteilt, dass die Inklusion halt ist wie sie ist. In Baden-Württemberg wurde am Schulsystem nichts grundlegend geändert. Das müssen die Lehrkräfte „ausbaden“.

Die Schilderungen von Lehrkräften, WIE mit uns umgegangen wird und die Widersprüchlichkeiten bei der Bearbeitung von Fällen im Schulamt und wie die Fälle bei uns ankommen, führte nicht dazu, dass Hilfsangebote an die LehrerInnen gemacht wurden. Im Gegenteil wurde darauf verwiesen, dass solche Gespräche ja nicht öfter stattfinden könnten. Das Kommunikationsproblem liege nicht beim Schulamt, sondern bei den betroffenen Schulen. Hier werden wichtige Informationen nicht weitergegeben. Na dann, wenn das so ist!

Für die betroffenen Lehrkräfte in dem genannten Beispiel ist die Lage desaströs.

Ein anderes Beispiel kann ich aus dem Bereich der Verwaltung und der Zuteilung von SuS in Inklusionsklassen nennen. Grundlegend haben alle SchülerInnen Anspruch auf sonderpädagogische Förderung in der Regelschule, die ihren persönlichen Möglichkeiten entspricht, wenn dies festgestellt wurde! Hierzu ist ein Feststellungsverfahren verantwortlich, das für eine Bildungsempfehlung sorgt. Sollte ein Förderbedarf festgestellt werden, dürfen die Eltern entscheiden, ob ihr Kind eine inklusive Maßnahme in der Regelschule besucht oder in einem SBBZ (Sonderpädagogisches Bildungs- und Beratungszentrum) beschult werden soll. Ohne auf die langwierigen Verfahren (Runder Tisch, Gespräche,

Gutachten usw.) einzugehen, kann ich konstatieren, dass die Feststellungsbescheide oft nur auf ein Jahr begrenzt sind! Diese Entscheidungen treffen die Schulämter und nicht, wie lange Jahre zuvor, die Gutachter. Da erübrigt sich die Frage, inwieweit dem Kinde geholfen werden kann, nämlich gar nicht. Man muss sich vorstellen, dass die Überprüfung, die Diagnostik und die Förderplanung für das Kind einen mehrjährigen Zeitraum erfassen, um die Probleme zu benennen. Anschließend wird das Kind in eine meist unzureichende Fördersituation gebracht, in der innerhalb eines Jahres Fortschritte bzw. die „Heilung" erfolgen sollen. Das wäre in der Tat nur durch ein biblisches Wunder zu erreichen. Nun wird aber am Ende des betreffenden Schuljahres von dem Sonderpädagogen ein pädagogischer Bericht verlangt, der in Einvernahme mit der Regelschullehrkraft erstellt wird. Wie nicht anders zu erwarten, wird eine Verlängerung des sonderpädagogischen Förderbedarfs von den Pädagogen gefordert und begründet. Die Ablehnung erfolgt per E-Mail mit einem Satz: „... nichts rechtfertigt einen sonderpädagogischen Bildungsanspruch." Es bleibt zu erwähnen, dass die Eltern der betroffenen Kinder, die Schulleitung und die unterrichtenden Lehrkräfte noch einmal dringlich auf die Fortsetzung der Maßnahme hingewiesen haben. Wem ist es da zu verdenken, wenn der Verdacht aufkommt, dass vieles hier im Spiel ist, aber auf jeden Fall keine Pädagogik. Hier bleiben mehrere Verlierer zurück. In erster Linie sind die Kinder die Leidtragenden. Genauso schwierig wird es für die Pädagogen vor Ort. Der Regelschullehrkraft wird die Unterstützung durch den Sonderpädagogen entzogen und damit das Vertrauen in das System. In der Folge werden althergebrachte Ressentiments gegen die Inklusion wieder benannt: „Ich habe es ja gleich gesagt, dass das nichts wird ... Wie sollen wir diese schwierigen Kinder integrieren? ... Es fehlt doch eigentlich an allem – Lehrkräften, Material, entsprechenden Räumlichkeiten ..." usw.

Zufriedene Lehrkräfte ODER

Wie möchtest du arbeiten?

Im Behandlungsraum eines Sportarztes hingen die Trikots von berühmten Sportlern, eingerahmt in Bilderrahmen (!), signiert von den jeweiligen Patienten, ergänzt von dem Satz: „Ohne deine Hilfe könnte ich nicht mehr spielen, viel Dank für alles." Wo hängen eigentlich die Trophäen der Lehrer und Lehrerinnen? Gibt es auch für uns eingerahmte Dankesworte?

Der Chief of Happiness Officer (Glücksmanager) kommt in einigen Konzernen in Mode. Er soll sich für das Wohl der Mitarbeiter stark machen und ein glückliches, produktives Arbeitsumfeld schaffen. Durch Mitarbeiterbefragungen verschaffen sich die Manager ein Feedback für ihre Vorhaben und signalisieren an die Mitarbeiter, dass ihre Stimmen gehört werden.

Wer hört die Stimmen der Lehrkräfte, und woher kommt die Einzelkämpfermentalität im Lehrberuf? Vorab: In den Schulen gibt es keine direkten Unterstützersysteme, die den Lehrkräften in schwierigen Situationen beistehen könnten. Die Personalvertretungen in den Schulämtern leisten m. E. keine wirkliche Unterstützung, da sie meist nur Rechtslagen prüfen und nicht emotional situativ beistehen.

Im Lehramtsstudium (zum Wintersemester 2015/16 wurden die Lehramtsstudiergänge auf die Bachelor/Master-Struktur umgestellt) wird den jungen Studierenden ausreichendes Wissen und Kompetenzen vermittelt. Sie gewinnen Einblicke in Theorien, Kenntnisse über Methoden und praxisorientierte Maßnahmen, lernen Elternarbeit kennen und wissen über den Lehrplan Bescheid. Kurz gesagt, sie erhalten ein umfängliches Bild, WAS Unterricht mit Kindern bedeuten kann, und fühlen sich, trotz der normalen Unsicherheit am Anfang, gut gewappnet.

Der entscheidende Vorteil in dieser Phase sind die Kommunikation mit den Kommilitonen und die vielen Möglichkeiten des Austauschs und der Gruppenarbeit. Man kann sagen, in dieser Phase lernt der Student sich zu organisieren und lernt, die Möglichkeiten der Teamarbeit zu schätzen.

In der zweiten Phase, dem Referendariat, geht der angehende Lehrer wieder auf die Schulbank zurück. Das heißt vor allem, dass zu den vielfältigen Aufgaben (1. und 2. Fachrichtung, Unterrichtsfächer) eine Menge an Lernstoff hinzukommt. Außerdem wird den Anwärtern in der praktischen Arbeit ein großes Arbeitspensum abverlangt: Modellhaftes Unterrichten, ausführliches Wissen über Methodik und Didaktik usw.

Beim Einstieg in die Praxis (auch als Praxisschock bezeichnet) müssen die erworbenen Wissensstände realitätsnah umgesetzt werden. In der Regel sieht das so aus, dass die Lehrkräfte allein der Klassensituation ausgesetzt sind oder in Beratungssituationen geraten (Inklusion, Sonderpädagogischer Dienst, Eltern-Jugendamt-Gespräche), die sie allein nicht oder nur unzureichend bewältigen können. Das führt zu Kompetenzverlusten in den Bereichen Theorie und Unterrichtsreflexion, professionelle Kommunikation, Zusammenarbeit mit KollegInnen, eigene und fremde Konfliktbewältigung. Mit wenigen Ausnahmen legen sich die nun neuen Lehrkräfte eigenes Handeln so zurecht, dass sie in ihrem Umfeld zurechtkommen, ohne groß anzuecken. Dadurch verfestigen sich Handlungsmuster, die nicht unbedingt im Einklang mit der erlernten Theorie stehen. Außerdem fehlt von nun an die Zeit, sich mit all diesen Dingen zu beschäftigen, die hilfreich und sinnvoll wären. Daraus ergibt sich ein Einzelkämpferhandeln, das in vielen Fällen erklärt, warum LehrerInnen so handeln wie sie handeln. Professionelle Hilfen während des ersten Praxisjahres oder begleitende Unterrichtsbesuche (von erfahrenen KollegInnen) finden nicht statt.

Das Unglück kann seinen Lauf nehmen. Frustrierte, unsichere LehrerInnen handeln anders als gecoachte Lehrkräfte, die sich Fehler erlauben und daraus andere Strategien entwickeln können. Lehrkräfte, die teamorientiert mit anderen konstruktiv zusammenarbeiten und sich im beratenden Kontext mit anderen Professionen befinden, handeln anders. Sie befinden sich in einem Lernprozess, der auch verändernde Strukturen aushält und diese beeinflussen kann.

Es gibt sie also doch, die zufriedenen Lehrkräfte, oder?
(Hier handelt es sich um eigene Einschätzungen des Autors; es gibt allerdings Studien und Untersuchungen, die dies zumindest teilweise bestätigen.)

„So kann ich nicht arbeiten", sagte erbost eine Kollegin zu ihrer Schülerschaft, als es wieder einmal zu laut wurde im Klassenzimmer. „Aber du arbeitest doch gar nicht", verwunderte sich eine Schülerin.

Die **Generation Y**[26] bevorzugt flexibles Arbeiten statt starrer Hierarchien, sie möchten Sinnhaftigkeit statt Firmenwagen: Junge Menschen stellen neue Anforderungen an die Arbeitswelt. Sie sind selbstbewusster, möchten mehr erleben und sagen über ihr Arbeitsziel: „Ich möchte

---

[26] Die **Generation Y**, geboren zwischen 1980 und 2000, sind die um das Jahrhundert Geborenen und haben den Internetboom und die Globalisierung in vollen Zügen miterlebt.

das machen, worin ich gut bin!“ Warum findet man diese Einstellungen so selten in der Schule vor?

Wie möchtest du arbeiten? Das war die Frage, die ich mir immer wieder stellte. Dabei musste ich mir über meine SchülerInnen immer wieder aufs Neue klar werden:

- Welche Urteile und Vorurteile pflegst du?
- Hörst du auch auf andere?
- Kläre Unstimmigkeiten.
- Sei transparent, auch wenn du unsicher bist.
- Kommuniziere auch deine Kritik klar und deutlich.
- Sei kritisch, vor allem gegenüber Vorgesetzten.
- Lass deine SchülerInnen sprechen.

Wie möchtest du arbeiten vs. Wie soll ich arbeiten. Das ist die spannendste Auseinandersetzung im Lehrerberuf. Sind die SchülerInnen als Auftraggeber zu begreifen oder bestimmen die Vorschriften den Alltag?

Im Studium und während der späteren Ausbildung (Referendariat) wird immerzu von der Praxis geredet. Trotzdem erleiden die meisten einen „Praxisschock“ (Diskrepanz zwischen Ausbildung und Praxis). Das liegt an verschiedenen Faktoren. Der wichtigste liegt in der Ausbildung selbst. Die Junglehrer werden wie Unwissende behandelt, denen man alles vorschreiben muss, weil sie von Erziehung und Bildung keine Ahnung haben. Sie müssen von nun an standardisierte Verfahren anwenden, von denen die Kinder profitieren sollen. Aber was tun bei massiven Störungen, bei Arbeitsverweigerungen, Aggression und Streit? Jetzt plötzlich sollen die Junglehrer souverän und cool reagieren. Sie sollen das tun, was ihnen niemand beigebracht hat: Wie kläre ich den Streit,

den Klara mit ihrer besten Freundin austrägt, und nicht zu beruhigen ist? Außerdem mischt sich Ali wieder ein, ausgerechnet Ali, der sich nie raushalten kann. Die Unterrichtsstörung ist nämlich nicht Teil des Konzeptes. Es wird angenommen, dass guter Unterricht alle Kinder motivieren kann! Dieser Problematik wird in den meisten Ausbildungsschulen Rechnung getragen, indem die ganz schwierigen Kinder schon vor der Lehrprobe aus dem Klassenverband entfernt werden. Dann wird die Sache schon funktionieren.
Im Vorfeld wird der Junglehrer zum allwissenden Methodenkünstler. Er soll Kontrolle über die Unterrichtsprozesse haben, die Ziele genau definieren können und die zu vermittelnden Kompetenzen immer im Kopf haben. Bei Unterrichtsbesuchen durch das Seminar funktionieren die Kinder oft, weil sie denken, sie selbst werden geprüft, oder sie machen es der Lehrerin u./o. dem Referendar zuliebe. Zudem erleben sie Unterricht mit einer Material- u. Angebotsfülle, die sie begeistert annehmen. Solchen Unterricht werden sie später nie mehr erleben. Das ist zwar schade, ist aber im Alltag auch nicht leistbar. Die Frage lautet: Wozu das alles?

In welchem Moment kann sich der Referendar als handelndes Subjekt erleben? Anstatt sie als verschulte Objekte zu behandeln, werden Versuch und Irrtum der Annäherung an kindliche/jugendliche Verhaltensweisen kaum in Betracht gezogen.

Dabei könnte es so einfach sein: Die Junglehrer werden in einer ersten Phase begleitet, während sie sich einzelner Kinder oder kleiner Gruppen annehmen dürfen. Sie entwickeln selbst Strategien, wie sie auch mit den sogenannten schwierigen Kindern umgehen wollen. In der Rückkopplung mit dem Ausbildungslehrer/dem Seminar/den anderen Junglehrern werden Schlüsse gezogen, wie es weitergehen könnte. In der Erprobung ist der Referendar nie allein. Er wird im Zweifel von seinem Mentor geschützt und auf seinem Weg bestärkt. So kann er Kompetenzen UND Souveränität erlangen.

In einer zweiten Phase wendet er sich den unterrichtlichen Prozessen zu. Die Kinder erleben den Referendar als jemand, der sich ihnen angenähert hat, ohne ständig Leistung oder Anforderungen zu stellen. Für den Unterricht ein wichtiger Baustein, da zum guten Unterrichten auch Vertrauen und Empathie benötigt werden.

In einer dritten Phase können nun die erlernten Kenntnisse und Fertigkeiten des Referendars abgefragt werden. Er wird sich in seiner neuen Rolle bedeutend wohler fühlen und damit Anforderungen des Seminars und der Kinder besser erfüllen können. Das sind alles Voraussetzungen für einen guten Lehrer, der auf der Suche nach seinem Traumberuf ist.

Vielleicht könnte dies ein kleiner Ausgleich dafür sein, dass weder Ausbildungsschule noch Ausbildungslehrer einer Qualitätskontrolle unterliegen (man ist ja froh, wenn sich einer meldet, der das macht ...). Die Referendare geraten dann z.T. in Ausbildungssituationen, die nicht unbedingt begünstigend für ihren Werdegang sind. Professionalität sieht anders aus.

„Life is what happens to you while you are busy to make other plans" (Allen Saunders, am. Comic-Autor)

ODER

Die Pläne der Anderen

In einem LehrerInnenleben werden die Déjà-vus zum Ende mehr. Also das Gefühl, bestimmte Situationen schon einmal durchlebt/erlebt zu haben, verdichtet sich. Laut Wikipedia tritt ein Déjà-vu beim gesunden Menschen vereinzelt spontan, im Zustand der Erschöpfung gehäuft auf. Dies halte ich für wahrscheinlich. Ich meine, das gehäufte Auftreten von Déjà-vus hat einen realen Hintergrund: Die planvolle Umgestaltung von Verhältnissen (Reform) führt in der Politik zu wechselnden Vorgaben. Die eine Partei hält diese Maßnahme für ausreichend, die andere macht dies ohne Umschweife rückgängig. Was grundsätzlich als Verbesserung einer Situation gedacht war, wird in der politischen Realität zum Possenspiel. Nicht die Erkenntnisse aus Forschung und Erfahrung befördern die schulische Entwicklung, sondern politische Wechselspiele. Wen wundert es dann noch, wenn ältere Lehrkräfte immer öfter das Gefühl haben, „das kommt mir doch irgendwie bekannt vor". Weil Menschen in ihrem Alltag nicht so flexibel und offen sind, wie die Reformer es gerne hätten, kommt der „heimliche Lehrplan" zum Tragen. Das heißt, LehrerInnen organisieren „ihre Schule" am Lehrplan vorbei. Die Pläne der Anderen stellen die LehrerInnen immer wieder vor neue Herausforderungen.

Ein kleiner Überblick über die sogenannten Reformen der letzten hundert Jahre soll helfen, den Durchblick zu behalten.

Von der bürgerlichen Reformpädagogik aus den Anfängen des letzten Jahrhunderts folgte nach den 70er Jahren eine Gesamtschulreform. In den 60er Jahren wurde eine Bildungsreform notwendig, weil mehr Menschen der Zugang zu den Universitäten ermöglicht werden sollte.

Außerdem sollte das Abitur gegenseitig von den Bundesländern anerkannt werden. Die Geburtsstunde der Gesamtschulen war 1969. 1972 vereitelte der sog. „Radikalenerlass" (wer im öffentlichen Dienst arbeiten wollte, musste seine Gesinnung überprüfen lassen) das Studium für alle. Lehramtsbewerber mussten vor Gericht ihre Zulassung zum Studium erstreiten. Trotzdem wurden damals viele vom öffentlichen Dienst ausgeschlossen. Die andere Entwicklung war, dass plötzlich zu viele Studierende an den Hochschulen waren. Überfüllte Hörsäle und unbefriedigende Studienbedingungen waren die Folge. Eine Zugangsbeschränkung (Numerus Clausus) sollte dies beheben. Bis heute ist man scheinbar der Meinung, dass Abschlüsse von 1,0 auch die besseren Lehrer, Ärzte oder Ingenieure produzieren.

2004 wurde in BW eine neue Initiative zur Reform angestoßen: Der Bildungsplan umfasst die Gesamtheit aller Vorgaben, beschreibt den Kompetenzerwerb, benennt für die einzelnen Fächer Fächerverbünde, die Kerncurricula verdeutlicht das Anforderungsniveau mit Beispielen zur Niveaukonkretisierung, gibt Beispiele für die schulische Umsetzung, beschreibt fachliche und überfachliche Kompetenzen für das Ende eines Bildungsabschnitts, schließt das Kerncurriculum und das Schulcurriculum des jeweiligen Faches bzw. Fächerverbundes ein, wird durch Beispiele im Anforderungsniveau festgelegt. Das allerwichtigste waren die Kompetenzen (Fachkompetenz, Methodenkompetenz, Sozialkompetenz, Personale Kompetenz; diese werden basierend auf unterrichtlichen Gegebenheiten erworben). Da bleiben keine Wünsche übrig. In der Evaluation sollte die Wirksamkeit all dieser Maßnahmen gezeigt werden. Die SchülerInnen sollten dadurch ein gezieltes Feedback über ihre Stärken und Schwächen erhalten. Zentrale Vergleichsarbeiten überprüfen die Bildungsstandards. Das Wesentliche an den neuen Bildungsplänen sollte ein Paradigmenwechsel sein. Nicht die

Unterrichtsinhalte, sondern die Kompetenzen stehen im Vordergrund. Was sich gut anhört, hatte katastrophale Folgen. LehrerInnen kreuzen von nun an in endlosen Listen die gerade erworbene Kompetenz der Kinder an. Da geht es einmal vor und einmal zurück. Kompetenzen, die im Vorjahr noch Bestand hatten, mussten im neuen Jahr nochmal angekreuzt werden, weil sie in der Zwischenzeit verloren gingen. Zugewinn für die Kinder?

„Eine mathematische Grundbildung hat zum Ziel, die Rolle der Mathematik in der Welt zu verdeutlichen und die Schülerinnen und Schüler in die Lage zu versetzen, mathematisches Wissen funktional einzusetzen und in vielfältigen Situationen mathematisch begründet Entscheidungen zu treffen oder Aussagen zu beurteilen. Mathematische Bildung befähigt die Schülerinnen und Schüler, sich in ihrer Lebenswelt zu orientieren, diese auch unter mathematischen Gesichtspunkten zu betrachten und zu verstehen und Mathematik in Beruf und Studium erfolgreich und verantwortlich anzuwenden.“[27] Dieser Auszug aus dem Bildungsplan verdeutlicht die Diskrepanz zwischen Anspruch und Wirklichkeit. In dem Fachunterricht der Schulen kristallisiert sich eine „Malocher-Mentalität“ heraus, die nur diese SchülerInnen begünstigt, die ohne zu murren die Aufgaben herunterrechnen und verstanden haben. Das selbstgesteuerte Lernen, Ideenreichtum, Fantasie oder gar abweichende Lösungsvorschläge sind nicht gefragt. Wo werden da noch Toleranz und Akzeptanz von Vielfalt (S. 4) gefördert? Es wird davon gesprochen, dass schon in der Grundschule angebahnte Grundvorstellungen tragfähig weiterentwickelt werden sollen. Wer schon einmal eine Grundschulklasse im Matheunterricht erlebt hat (Grundschulabi!!), weiß, wie hier Stoff vermittelt wird: Vorrang von Stoffvermittlung vor Verstehen, d.h.,

[27] Bildungsplan Sek Stufe 1, BW 2016, Mathematik

Kinder, die nicht mitkommen, werden einfach zurückgelassen. Dass es für die GrundschulkollegInnen Gründe gibt, weshalb so gearbeitet wird, ist eine andere Sache (zu große Klassen, inklusives Potential ohne Unterstützung von außen, Anspruchshaltung der Eltern u.v.m.).

Der neue Bildungsplan 2016 schrieb sich das individualisierte Lernen auf die Fahne. In drei Niveaustufen sollten die Kinder/Jugendlichen inhaltliche Angebote (G das zum Hauptschulniveau, M das zum Realschulabschluss führt und das gymnasiale Niveau E) erhalten. Schon in der Grundschule wird im Gleichschritt gelernt. Möglichst alle Parallelklassen sollen Themen, Inhalte und Klassenarbeiten deckungsgleich produzieren. Was zunächst wie Ökonomie des Lernens aussieht, überfordert einen nicht unerheblichen Teil der Schülerschaft. Individualisiertes Lernen sieht ganz anders aus. SchülerInnen, die nicht mitkommen und dann stören, werden immer noch aussortiert (in die Sonderschulen). Ein Blick in die gute alte Montessori[28]-Pädagogik würde dabei helfen. Aber auch hier begnügt man sich, nur Teile von guten Ideen zu verwenden, und denkt dabei, dass das genügen würde.

---

[28] Wikipedia: **Montessoripädagogik** ist ein von Maria Montessori ab 1907 entwickeltes und namentlich in Montessori-Schulen angewandtes pädagogisches Bildungskonzept, das die Zeitspanne vom Kleinkind bis zum jungen Erwachsenen abdeckt. Sie beruht auf dem Bild des Kindes als „Baumeister seines Selbst" und verwendet deshalb zum ersten Mal die Form des offenen Unterrichts und der Freiarbeit.

Die letzte große Reform im gymnasialen Bereich sollte die Lernzeit der SchülerInnen verkürzen (G8 statt G9). Warum die Jugendlichen noch schneller zum Studium sollten, wurde bis heute nicht geklärt. Nach anhaltenden Protesten von Lehrern, Schülern und Eltern wurde dies in einigen Bundeländern zurückgenommen.

Die Bologna-Reform[29] auf europäischer Ebene sollte Diplom und Magister auf Bachelor und Master umstellen. Der Prozess ist im Gange, von einer erfolgreichen Reform kann bisher keine Rede sein. Vielleicht ist das deshalb so, weil sich das eine nicht auf das andere einfach überstülpen lässt, ohne grundsätzliche Überlegungen anzustellen und sie auch umzusetzen.

Die Reformen ab den 70er Jahren waren politisch motiviert oder trugen den Protesten und Unzufriedenheiten Rechnung, die aus der Studentenrevolte 1968 entstanden. Die Zeit war reif für Veränderungen. Die konservativen Kräfte der Republik mussten anerkennen, dass junge Menschen in die Hochschulen strömten, die Veränderung wollten. Für mich als Junglehrer galt es, ungeahnte Möglichkeiten zu entwickeln (so war der Plan). Die Fesseln der Ausbildung waren gesprengt, wir konnten endlich loslegen. Aber NEIN, ganz so lief das nicht. Ich betrat unsicheres Terrain. Ich hatte keine Ahnung, was mich in der Schule im Heim (Schule für Erziehungshilfe) erwartete. Plötzlich waren die unzähligen Vorschriften weg, die Kollegen ermunterten zu Mut und Tatkraft. Aber was

---

[29] Wikipedia: **Als Bologna-Prozess** wird eine auf europaweite Harmonisierung von Studiengängen und -abschlüssen sowie auf internationale Mobilität der Studierenden zielende transnationale Hochschulreform bezeichnet, die auf die Schaffung eines einheitlichen Europäischen Hochschulraums gerichtet ist. Der Begriff geht auf eine 1999 von 29 europäischen Bildungsministern im italienischen Bologna unterzeichnete politisch-programmatische Erklärung zurück.

bedeutete das schon, wenn du acht neugierigen Jugendlichen gegenüberstehst, die ihre Grenzen ausloten wollen und deine Schwächen sofort wittern. Die Hilflosigkeit war komplett, vor allem dann, wenn es „brenzlig“ wurde. In Phasen der Auseinandersetzung, des Streits, der Aggression und des Nichtstuns wurde mir die Sinnlosigkeit meines Tuns bewusst. Weshalb gab es eigentlich nichts (wenig), was mir aus meiner Ausbildung geholfen hätte? Ich bereitete meinen Unterricht super vor und war schrecklich enttäuscht, dass die Kids den Wert meiner Anstrengungen nicht erkannten. Irgendein Problem war mal wieder wichtiger, wie z.B. die Vorbereitung auf die Prüfung.

So langsam dämmerte mir der Unterschied von Motivation und Unterricht, der sich nicht an der Lebenslage von Kindern ausrichtet. In dieser Zeit versuchte ich, verschiedene Hilfen von Erwachsenen im Kinderheim anzunehmen und mich auszuprobieren. Dadurch konnte ich wachsen und bei den Kindern/Jugendlichen „ankommen“.

Wer versteht das noch?

Der kurze Überblick der Reformen aus meiner Anfangszeit und heute sollte die Diskrepanz der Entwicklung aufzeigen. Aus meiner Sicht wurde anfangs gesellschaftlichen Entwicklungen Rechnung getragen. Es gab Zeit, sich zu finden und sich auszuprobieren. Die Nuller Jahre (ab 2000) beschleunigten die Entwicklung rasant. Angelehnt an die Industrie denkt man heutzutage, dass das Messen, Überprüfen und Evaluieren von unterrichtlichen Prozessen zu perfektionieren sei, um das Lernen effektiver zu machen. Angetrieben durch die PISA-Studie, in der Deutschland als einer der führenden Industrienationen relativ schlecht abgeschnitten hatte, versuchten die Kultusverwaltungen mit aller Macht dagegen zu steuern. Unglücklicherweise werden auch auf dem pädagogischen Sektor Erkenntnisse, die beispielsweise aus den skandinavischen Ländern (den Gewinnern der Pisa-Studie) vorliegen, nicht angewendet. Jede neue Regierung ändert Grundprinzipien der Vorgängerregierung. Was bleibt, sind die unausgegorenen Konzepte der Reformen. Diese Reformen sind mit den besten Absichten gemacht, was fehlt, sind der Wille zur Verbesserung von allen und die Freiheit der Pädagogen, dies zu tun. Stattdessen herrscht ein Klima der Verunsicherung und Gängelung. Die Junglehrer werden wieder autoritär, wie unsere Lehrer es waren, und versuchen dadurch den Verlust an Anerkennung zurück zu erlangen. Eine fatale Entwicklung, in der viele SchülerInnen nicht mitgenommen werden und zu Verlierern dieses Systems werden. Das Wehklagen von Industrie und Handel sind ein bewegendes Zeugnis davon. Diese vermissen grundlegende Kompetenzen der Schülerschaft, die unser schönes System doch vermitteln sollte. Die wirklichen Gründe für die fehlenden Kompetenzen wie Lesen, Rechtschreiben, Grundrechenarten oder fehlende sozialen Kompetenzen werden nicht wirklich angegangen. Stattdessen wird die Schule und letztendlich die Lehrerschaft dafür verantwortlich gemacht. Was ist faul im Staate Dänemark[30]?

---

[30] Wikipedia: Diese Redensart entstammt dem ersten Aufzug von **William Shakespeares Tragödie *Hamlet*.** Marcellus sagt dort im englischen Original: „Something is rotten in the state of Denmark."

An elephant is in the room[31]

- In einer Personalversammlung eines Schulamtes kam es zu folgenden Verlautbarungen: Der Vertreter des Schulamtes referierte über ein Pädagogisches Modell, indem er die Statistik bemühte und anhand seiner Zahlen ein positives Bild skizzierte. Die Vertreter der Schulen, die Lehrer und Lehrerinnen, waren fassungslos. Wie konnte das offensichtliche Scheitern im positiven Licht dargestellt werden? Es ergab den Anschein, dass von offizieller Seite sich niemand traute, die „Realität“ beim Namen zu nennen. Es wurde offensichtlich befürchtet, dass die „Wahrheit“ weitreichende Konsequenzen zur Folge gehabt hätte. Es war einfach unproblematischer, die Fakten nicht zu benennen oder so zu tun, als gäbe es sie nicht.

- Schon in den 70er Jahren ergab die Diskussion in Fachkreisen, dass Kinder und Jugendliche sowohl von Eltern als auch von Bildungseinrichtungen sexuell aufgeklärt werden sollten. Die Eltern nahmen das dankend an, weil sie endlich Entlastung bei dem für sie schwierigen Thema spürten. In Baden-Württemberg wollte man in dem neuen Bildungsplan 2016 die Begrifflichkeiten in der Sexualerziehung entstauben und erntete einen Sturm der Entrüstung. Aus der Formulierung „Akzeptanz sexueller Vielfalt“ wurde in der Endfassung „Bildung für Toleranz und Akzeptanz von Vielfalt“.

---

[31] Wikipedia: Der Begriff bezieht sich auf eine Frage, ein Problem, eine Lösung oder ein kontroverses Problem, das jedem, der sich mit der Situation auskennt, offensichtlich ist, das aber bewusst ignoriert wird, da andernfalls große Peinlichkeit, Traurigkeit oder Argumente entstehen oder einfach tabu sind. Das Idiom kann ein Werturteil implizieren, dass das Thema offen diskutiert werden sollte, oder es kann einfach eine Bestätigung dafür sein, dass das Problem da ist und nicht von selbst verschwinden wird.

Der Lehrplan hatte eigentlich nur formuliert, wie sich unsere Gesellschaft zusammensetzt: "In der modernen Gesellschaft begegnen sich Menschen unterschiedlicher Staatsangehörigkeit, Nationalität, Ethnie, Religion oder Weltanschauung, unterschiedlichen Alters, psychischer, geistiger und physischer Disposition sowie geschlechtlicher Identität und sexueller Orientierung. Kennzeichnend sind Individualisierung und Pluralisierung von Lebensentwürfen."

„Grundbedingungen verschiedener Perspektiven (beispielsweise Alter, physische oder psychische Merkmale, Geschlecht, sexuelle Identität oder Orientierung, Religion, Herkunft, Erfahrungen, Kultur) aufzeigen und vergleichen."[32]

Eigentlich sollte man annehmen, dass in der Schule verschiedene Sachverhalte, Handlungen und Situationen beleuchtet werden sollen. Ausgerechnet beim Thema Sexualität tut man so, als hat dies hier keine Bewandtnis. Warum schaut man gerade bei diesem Thema, das uns in vielen anderen Bereichen tangiert, vielfach weg und protestiert sogar heftig dagegen?

- Der Elefant ist im Raum und wird ignoriert. Sexualität ist immer noch ein Tabuthema und wird auch in der Schule weitestgehend ignoriert! Noch nie war der Zugang zu pornografischen Bildern und Filmen und zu offensichtlicher Nacktheit in Werbung oder den Titelseiten von Illustrierten so frei zugänglich wie heute. Auf der anderen Seite gibt es die (stille) Übereinkunft, über diese Dinge nicht oder wenig zu sprechen. In den Medien wird die heile Welt durch Schlager, Filme und Homestorys der Stars vorangetrieben. Es ist die Sehnsucht nach

---

[32] Bildungsplan BW 2016 Gemeinschaftsschule: Ethik S. 5

Geborgenheit, Liebe und Anerkennung, die dadurch natürlich nicht befriedigt werden kann. Die Diskrepanz erzeugt nicht selten Frust, Gewalt und die Verrohung der Sitten. Die Kinder und Jugendlichen können weder ihre Sexualität frei ausleben noch darüber reden. Die Scheinheiligkeit der Erwachsenen, die ihnen Keuschheit vor der Ehe als Schutzschild predigen und Abtreibung als Teufelszeug beschreiben, erzeugen dadurch die kleinen Katastrophen ihrer Kinder mit.
Es wird eine neue Prüderie erzeugt, indem man den Jugendlichen vorschreibt, was sie anzuziehen haben. In der Schule gibt es manchmal diese Kleiderordnung: keinen Minirock, keine Hotpants, keinen Ausschnitt, nicht zu enge Kleidung. Keine Frage, Kinder und vor allem Jugendliche haben manchmal merkwürdige Vorstellungen von Mode und Kleidung. Und manchmal übertreiben sie es mit der Freizügigkeit ihrer Klamotten. Sollten wir als Pädagogen nicht andere Möglichkeiten als Verbote pflegen, um an den Bedürfnissen unserer Schüler anzudocken?

- „Der Chef hat aber gesagt ...“ Ein **Tabu**[33] verbietet die Nachfrage. Was Schulleiter dürfen, darf im Kollegium keiner. Wie lässt sich das erklären? Sind es die „Deals“ unter vier Augen, die dem Schulleiter andere Rechte geben? Wenn z.B. die schwangere Kollegin froh ist nach der Geburt wieder zurückzukommen, ausgestattet mit einem günstigem Stundenplan für sie und ihre Familie. Sie wird dem Schulleiter nicht mehr widersprechen oder gar in Opposition gehen. Oder Kollege xy bekommt seine Wunschklasse, obwohl noch andere sich

[33] Wikipedia: Ein **Tabu** beruht auf einem stillschweigend praktizierten gesellschaftlichen Regelwerk bzw. einer kulturell überformten Übereinkunft, die bestimmte Verhaltensweisen auf elementare Weise gebietet oder verbietet.

dafür stark machten. Der „Deal“ läuft: Von nun an keine offene Kritik an Schulleitung oder deren merkwürdigen Entscheidungen.

- Homosexualität gibt es in den meisten Schulen nicht! Ein Lehramtsbewerber an einem katholischen Privatgymnasium hatte ein Jobangebot schon in der Tasche. Als der Schulleiter von seiner Homosexualität erfuhr, wurde die Zusage schnell zurückgezogen. Die Schule sieht sich weiterhin als weltoffen und tolerant.
  Über das Thema „Sexuelle Vielfalt“ wird in zwei Sätzen innerhalb des Sexualkundeunterrichts geredet. Meist in dem Kontext: „Stell dir vor, du wärst schwul, wie würdest du dich fühlen?“
  Ohne Aufklärung wird Schule jedoch zu einem „konstanten Unfallort“, sagt Kempe-Schälicke. Vor allem jüngere Schüler (62 Prozent der Sechstklässler, 54 Prozent der Neuntklässler) verwenden „schwul“ und „lesbisch“ als Schimpfworte, hat eine Studie der Humboldt-Universität aus den Jahren 2011 und 2012 zur Homophobie an Berliner Schulen ergeben. Jungen, die Schwäche zeigen, werden als „Mädchen“ bezeichnet, und zwar nicht nur von Schülern, sondern auch von einem Drittel der Lehrer. Nur jeder Zwanzigste von ihnen interveniert hingegen, wenn homophobe Bemerkungen fallen. Schüler, die schwul oder lesbisch sind – viel Jugendliche wissen etwa mit zwölf Jahren, zu welchem Geschlecht sie sich hingezogen fühlen –, leiden darunter sehr.

- Konflikte werden nicht thematisiert. Konkurrenzdenken und Kompetenzgerangel „darf“ es in funktionierenden Kollegien nicht geben. „Wir sind ein Team.“ Auf diese Aussage reduzieren viele Schulleitungen ihr Kollegium, und sie verhindert im Vorhinein fruchtbare Auseinandersetzungen. Stattdessen regiert in den Konferenzen Frust und Verweigerung. In diesem Falle der LehrerInnen, die Neuerungen blockieren und sich weigern, die GesamtlehrerInnenkonferenz (GLK) zu einem Ort der pädagogischen Vielfalt und fruchtbaren Diskussion zu machen. LehrerInnen, die sich täglich den Streitereien, Konflikten und Verweigerungen der SuS ausgesetzt fühlen, haben keine Lust mehr, sich gegen Anfeindungen oder stänkernde KollegInnen zu wehren. Sie ziehen sich in ihre Sphäre zurück und lästern in Kleingruppen gegen die Anderen. In diesem Klima gilt aber immer noch das Credo[34]: Friede, Freude, Eierkuchen! Die eigenen Schwächen einzugestehen, stellt sich sehr schnell als Fehler heraus. Denn daraus erwachsen keine konkreten Hilfen, sondern allenfalls Tipps wie „versuch`s doch mal mit Konsequenz", die keinem wirklich helfen. Die Leidensbereitschaft wächst und somit die erlernte Unfähigkeit mit Konflikten besser umzugehen. Hilfesysteme oder gar kompetente Schulleitungen, die ihr (Krisen-)Handwerk verstehen, sind so rar wie Mauersegler im Winter.

[34] Wikipedia: Das **Credo** (lateinisch *credo* „ich glaube") ist einer der Hauptbestandteile des christlichen Gottesdienstes und stellt ein gemeinsames Glaubensbekenntnis der versammelten Gemeinde dar. Hier: Das ungeschriebene Gesetz!

E-Learning[35] oder so ähnlich

„Es ist Magie“, sagen manche. Das ist zu kompliziert, sagen andere.

Ich finde, es ist weder noch. Es ist weder Magie noch zu kompliziert. Es ist einfach nur alles extrem schnell passiert. Informatiker haben diese tollen, schönen Maschinen gebaut, aber auf eine Weise, die uns so fremd ist wie die Computersprache, dass wir nicht mehr wissen, wie man mit Computern spricht, ohne eine raffinierte Benutzeroberfläche zu haben.

Deshalb merkte auch niemand, dass, wenn ich meine französischen Verben konjugierte, ich eigentliche meine Fähigkeiten zur Mustererkennung trainierte. Und wenn ich total im Stricken versank, ich eigentlich einer Abfolge von symbolischen Befehlen folgte, die sogar Schleifen beinhalteten. Und dass Bertrand Russells Lebensaufgabe, eine exakte Sprache zwischen Englisch und der Mathematik zu finden, ihre Antwort in einem Computer fand. Ich war Programmierer, aber keiner wusste es.

„Die Kinder von heute tippen, swipen (wischen) und zoomen sich ihren Weg durch die Welt. Aber wenn wir ihnen keine Werkzeuge geben, werden wir nur Konsumenten und keine Entwickler aufziehen.“[36]

In Coronazeiten (ab März 2020) kommt vieles ans Licht, was vorher den meisten nicht klar war. Die digitale Ausgestaltung der Schulen in

---

[35] Für **E-Learning** finden sich auch Begriffe wie: *Online-Lernen, Telelernen, multimediales Lernen, computergestütztes Lernen, u. a.:* Elektronisch unterstütztes Lernen

[36] Linda Liukas: A delightful way to teach kids about computers

Deutschland ist in einem erbärmlichen Zustand. In den Nachrichten ist meist von „Homeschooling" die Rede und suggeriert, dass die SchülerInnen zu Hause vor ihren Tablets, Laptops und sonstigem sitzen, bereit für den digitalen Unterricht. Die Schülerin C. berichtet stolz, dass sie schließlich 1x !! in der Woche Computerunterricht haben. Es lässt sich nur erahnen, was hier vermittelt wird, oder?

Mit welchen Bildern von Computertechnologie und den Folgen gearbeitet wird, sollen die folgenden Ausführungen verdeutlichen. Auch die meisten Lehrkräfte können sich nicht für digitales Lernen erwärmen, sieht man einmal von der Nutzung des Smartphones für den Eigengebrauch ab. Die Gründe für die mangelnde Kompetenz der LehrerInnen sind vielfältig und doch auf einen Nenner zu bringen: Es fehlt an Ausbildung, einer Zielvorstellung und mangelnder Unterstützung für den Gebrauch der Hard- und Software.

Im September 2018 kam der erste Tatort-Krimi im Ersten, in dem ein sprachgesteuertes vollautomatisiertes Café so programmiert wurde, dass der Automat einen Menschen tötete. Der Teufel IT[37] kann sogar Menschen töten! Besser kann die Skepsis gegenüber Computertechnologie nicht zum Ausdruck gebracht werden. Was den Jungen gefällt, wird von den Ü30-Jährigen immer mit einem Negativum begleitend beschrieben: ... „aber wenn man das immer macht" ...

Als bei „2001: Odyssee im Weltraum" der Bordcomputer HAL 9000 abgeschaltet wurde, wurde auch menschliches Mitleid erzeugt, obwohl

---

[37] ***Informationstechnik** (kurz **IT**, häufig englische Aussprache [aɪ tiː]) ist ein Oberbegriff für die Informations- und Datenverarbeitung auf Basis dafür bereitgestellter technischer Services und Funktionen.*

die Maschine vorher getötet hatte. Nachdem HAL herausfindet, dass die Besatzung ihn abschalten will, falls sich die Irrtümlichkeit seiner Fehleranalyse bestätigen sollte, versucht er, die Besatzung auszuschalten, um seine Mission zum Jupiter fortführen zu können – „unbeirrbar und allein". Dazu tötet er Frank Poole während dessen Weltraumausstieg und tötet den restlichen Teil der Besatzung.[38] Vielleicht war es tröstlich zu wissen, dass man eine Maschine auch abschalten kann, wenn sie nicht funktioniert? Oder zumindest ist die Illusion, dass man sie abschalten könnte, tröstlich.

Am 11. Oktober 2017 wurde Sophia[39] bei den Vereinten Nationen vorgestellt und führte eine kurze Konversation mit der UN Vizegeneralsekretärin Amina J. Mohammed. Die Vorstellung, dass Computer mit Menschen Gespräche führen, macht vielen gleichermaßen Angst und fasziniert anderweitig.

Soweit die Aufbereitung in TV und Film und Echtzeit. Die Vorbehalte gegen die Nutzung von digitaler Technologie kommen auch aus diesen Bildern.

---

38 Wikipedia: **HAL9000** ist der fiktive Computer des Raumschiffs Discovery in dem Film *2001: Odyssee im Weltraum*.

39 **Sophia** ist ein vom Hongkonger Unternehmen Hanson Robotics entwickelter humanoider Roboter. International bekannt wurde Sophia durch ihr im Vergleich zu bisherigen Robotervarianten besonders menschliches Aussehen und Verhalten. Gemäß den Angaben des Herstellers besitzt Sophia künstliche Intelligenz, die Fähigkeit zu visueller Datenverarbeitung und zur Gesichtserkennung. Sie imitiert menschliche Gestik und Mimik und ist dazu im Stande, bestimmte Fragen zu beantworten und über vordefinierte Themen (z. B. über das Wetter) einfache Gespräche zu führen.

Dabei soll die Welt durch die KI[40] ein bisschen besser werden: Autonomes Fahren, Spracherkennung, Algorithmen[41], die Arbeitsrechte überwachen, Nachbau neuronaler Netze, lernende Systeme u. ä.

Im fernen Australien (und nicht nur da) kommt es vor, dass Familien mit ihren Kindern sehr weit von Schulen oder Bildungseinrichtungen entfernt sind. Selbstverständlich dürfen dort die Eltern ihre Kinder selbst unterrichten. Aber welche Farmer sind in die Geheimnisse der Pädagogik eingeweiht? Wir wissen von hier, dass selbst ausgebildete Lehrkräfte nicht immer den Lehrbüchern folgen können. Findige Menschen haben für diese und andere Fälle die sogenannten Learning Management Systems erfunden (LMS). Durch diese Internet-basierten Plattformen wurde Lernen über alle Grenzen hinweg möglich. Martin Dougiamas war einer der genialen Erfinder. Er ist Pädagoge und Computerwissenschaftler und daher prädestiniert für diese Aufgabe. Deshalb wurde MOODLE[42] erfunden. Moodle ist frei verfügbar (Open Source) und soll auch weniger computeraffinen Menschen das Lernen im Web

---

[40] **KI**: **K**ünstliche **I**ntelligenz ist ein Teilgebiet der Informatik, welches sich mit der Automatisierung intelligenten Verhaltens und dem maschinellen Lernen befasst.

[41] Allgemein gesagt, gibt ein **Algorithmus** eine Vorgehensweise vor, um ein Problem zu lösen. Anhand dieses Lösungsplans werden in Einzelschritten Eingabedaten in Ausgabedaten umgewandelt.

[42] C. Vierweg: **Moodle** ist ein sogenanntes Learning Management System (LMS), d.h. eine Lernplattform zur Verwaltung von Online-Kursen. Alternativ werden solche E-Learning-Systeme auch Course Management System (CMS) oder Virtual Learning Environments (VLE) genannt. Der Name ist ein Akronym für Modular Object-Oriented Dynamic Learning Environment, was schon einige Eigenschaften von Moodle zum Vorschein bringt. Moodle ist modular, objektorientiert und wird dynamisch über die Skriptsprache PHP erzeugt. Martin Dougiamas, ein Australier, ist der Erfinder von Moodle.

erleichtern. Dabei werden zahlreiche Module angeboten, die möglichst viele Aktivitäten ermöglichen sollen. In Baden-Württemberg wird Moodle tendenziell verwendet: In der Lehreraus- und fortbildung, in allgemeinbildenden und gewerblichen Schulen. Allerdings wurden die Möglichkeiten von Moodle auch hier leider verschlafen. Es wurden weder entsprechende Möglichkeiten in der Lehrerausbildung systematisch genutzt noch die LehrerInnen in ihren Schulen bei der Einrichtung und der täglichen Arbeit mit Moodle unterstützt. Was nützen die besten Systeme, wenn sie nicht angewendet und entsprechend unterstützt werden?

Gerade hat die Bundesbildungsministerin einen neuen Messenger (Programm zur schriftlichen o. mündlichen Kommunikation) vorgestellt: schul.cloud, ein kostenloser Messenger mit Dateiablage für SchülerInnen und LehrerInnen. Whatsapp und andere unsichere Kandidaten werden dabei überflüssig. Ein erster Schritt zur sicheren Kommunikation von Eltern, Lehrern und Schülern. Aber auch hier konkurrieren die Länder mit dem Bund, jeder möchte sein eigenes System. In Baden-Württemberg wurde gerade der Start von „Ella“[43] aus technischen und organisatorischen Problemen bis auf Weiteres verschoben.

Cloud-Speicher-Systeme (Dropbox, Teamplace, Spider Oak, Tresorit usw.) für Schulen sind der Renner, als ob die Speicherung, Weitergabe und der Tausch von Dateien Unterricht automatisch besser machen würden.

---

[43] Die digitale Lernplattform Ella soll in Baden-Württemberg die Schulen entlasten: Seit 14 Jahren in der Entwicklung, die Kosten bei 47 Mio. €, die Einführung in weiter Ferne.

Zurzeit werden i-Pod-Klassen eingerichtet. Eine großartige Idee, die leider nur wieder Einzelne begeistert, die entsprechende Projekte mit ihren Schülerinnen durchführen (können). Es gibt in den Schulen keine gemeinsamen Pläne, WIE Computerunterricht durchzuführen sei. Jede/r wurstelt vor sich hin. Auf dem Papier der Kultusbehörden stehen gutgemeinte Konzepte, Tipps und Ratschläge, aber wen interessieren die? Viele LehrerInnen fühlen sich überfordert und wenden sich von der Materie ab. Die Vermittlung von gemeinsamen didaktischen Konzepten, die professionelle Unterstützung von außen und die Auseinandersetzung innerhalb eines Kollegiums finden meist nicht statt. An meiner Schule beklagen sich die KollegInnen heute noch darüber, dass wir das Open Source Programm Libre Office auf die Rechner installiert haben und das (allseits geliebte) MS Word nicht mehr zur Verfügung stand. Es fehlte die Akzeptanz anzuerkennen, dass unsere SchülerInnen sich das teure MS Word einfach nicht leisten können und deshalb die Schulung auf Libre zu bevorzugen sei. Der Hauptumstand für die Ablehnung war aber die (minimale) Umstellung auf Libre. Obwohl dieses Programm sich hauptsächlich an Word orientiert, war die Kompatibilität von Word zu Libre nicht immer gewährleistet. Anstatt sich auf Libre umzustellen wird immer noch beklagt, dass Word ja auf Libre nicht so gut funktioniere.

Es nützt auch das beste WLAN-Netz nichts mehr, wenn es „nur" zum Nachschlagen von Fremdwörtern oder zum Recherchieren benutzt wird. Außerdem nerven die technischen Probleme: Wenn wieder mal der Flash Player nicht funktioniert, der Drucker ausfällt oder das Netzwerk manche Kinder nicht anmelden lässt. Dann ist die Stunde gelaufen, bevor sie begonnen hat. Es sind nicht viele KollegInnen, die dann den Nerv, die Zeit und die Kompetenz haben, den Fehlerteufel zu suchen. Zurzeit ist es wieder mal die Netzwerkumstellung auf win10. Bei jeder Neuerung hat man das Gefühl, dass die Systeme nicht ausgereift oder zumindest stabil laufen würden. Selbst der Support streicht dann die Segel: „Wir haben das schließlich nicht verbockt." Die Suche nach dem Schuldigen wird sowieso zu nichts führen. Es gibt nämlich keinen!?

In einer 5. Klasse haben wir über das ganze Schuljahr zwei Stunden Medienbildung vermittelt. Anmelden, abmelden, speichern unter, Tauschordner benutzen, Internet Browser kennenlernen usw. Die Kinder konnten anhand der Praxisübungen „spielend" die Grundlagen erlernen. Integriert waren Maus- und Tastaturtraining, Online-Spiele, Denk- und Konzentrationsübungen, Fertigkeitsübungen mit den Programmen „paint" und „Libre Writer", Online-Lernseiten und Filme in YouTube oder „Planet Schule". Im Vordergrund stand für uns immer der 3er-Schritt: Information, Kommunikation, Produktion. Die Kinder konnten erstaunliche Fortschritte erzielen. Dabei kam uns zugute, dass fast alle „Vorkenntnisse" mitbrachten. Unserem Ziel, den Kindern über den KLICK hinaus (meist klicken die Kinder nur noch Inhalte an anstatt selbst tätig zu werden) Kompetenzen zu vermitteln, kamen wir in einem ersten Schritt näher. Im folgenden 6. Schuljahr der Kinder war im Stundenplan die Medienbildung nicht mehr vorgesehen!

So vielfältig wie die heutige Medienwelt sind die Fragen, die sich Kinder, Jugendliche, Eltern und Lehrkräfte dazu stellen müssen: Wie präsentiert man sich selbst im Netz? Was ist erlaubt und was illegal? Wie geht man verantwortungsvoll mit seinen Daten um? Welche Möglichkeiten sind in der Schule anzustreben, und wie können wir (die Lehrkräfte zusammen mit den SuS) sie umsetzen? Neben Cybermobbing, Datenschutz, illegalen Downloads, sozialen Netzwerken, Sucht u.a. problematischen Auswirkungen werden wir uns vor allem mit den Möglichkeiten auseinandersetzen müssen. Das heißt, die SchülerInnen sollen die produktiven Möglichkeiten von Medien im Unterricht erfahren und ausprobieren: viele Spiele, Trickfilme, Präsentationen, Lernprogramme u.v.m. Kinder und Jugendliche wollen von den neuen Medien profitieren. Sie benötigen Anleitung und konzeptionelle Hilfe.

Corona macht's möglich: Fortbildungen an allen Ecken und Enden, Tablets und Hardware für viele (Bildungspakt), Homeschooling und alles andere, die schöne neue Welt wird verordnet. Prost Mahlzeit, da kommt etwas auf die Lehrkräfte und die Schülerschaft zu. Womit haben sie das verdient?

Überforderte LehrerInnenkollegien kollabieren vor der Flut der Möglichkeiten. Diese sollen lehren, was sie selbst nicht gelernt haben. Nach der Bertelsmann Stiftung[44] nutzen 48 % der Lehrenden kaum digitale Lernformen, 74 % bemängeln unzuverlässige Technik. Nur 8 % der Schulleitungen messen der Digitalisierung eine hohe Bedeutung zu. Deshalb ist auch eine strukturelle Auseinandersetzung mit der Medienkompetenz unerlässlich. Die schöne neue Welt bedarf einer Übersichtlichkeit, die uns alle zufrieden stellen kann und niemanden überfordert.

So können Medienkritik, Medienkunde, Mediennutzung und Mediengestaltung zu einer Sache werden: Medienkompetenz.

---

[44] https://www.bertelsmann-stiftung.de/de/publikationen/publikation/did/monitor-digitale-bildung/

Wie wir miteinander reden ... wollen ODER Kommunikation ist alles?

> Daß Worte etwas bewirken, daß sie jemanden in Bewegung setzen oder aufhalten, zum Lachen oder Weinen bringen konnten: Schon als Kind hatte er es rätselhaft gefunden, und das hatte nie aufgehört, ihn zu beeindrucken. Wie machten die Worte das? War es nicht wie Magie? (Pascal Mercier: Nachtzug nach Lissabon)

Wir LehrerInnen wissen viel. Wir wissen z. B., wie das Kommunikationsquadrat[45] funktioniert.

Wenn ich als Mensch etwas von mir gebe, bin ich auf vierfache Weise wirksam. Jede meiner Äußerungen enthält, ob ich will oder nicht, vier Botschaften gleichzeitig.

Doch was machen wir mit all diesem Wissen? Lassen wir uns ausbilden in Kommunikationstechniken? Setzen wir die Botschaften gezielt ein, um unsere Ziele zu erreichen? Oder lassen wir uns treiben von unseren Stimmungen und Launen? Entscheidend scheint mir der Beziehungsaspekt zu sein: Der Sender transportiert diese Hinweise implizit oder explizit. Der Empfänger fühlt sich durch die auf dem Beziehungsohr eingehenden Informationen wertgeschätzt oder abgelehnt, missachtet oder geachtet, respektiert oder gedemütigt. Dadurch werden Gespräche, Unterhaltungen oder Vorträge unterbrochen, abgebrochen oder beeinflusst – je nachdem. Bei Menschen, die sich kennen, geht es im Grunde nur um Überzeugung, sollte man meinen. Die anderen Aspekte

[45] Schulz von Thun Institut für Kommunikation: Die Modelle

kann man vernachlässigen, weil viele Dinge im Vorfeld schon geklärt sind, sollte man meinen. Wie gehe ich mit jemandem um? Was halte ich von ihm? Etc. All diese Dinge haben sich in der Zusammenarbeit, in der Konfrontation, im Umgang miteinander geklärt, sollte man meinen.

In einer Konferenz kam es zu folgenden Situationen: Bei einem Tagesordnungspunkt wurde noch einmal ein Termin zur Sprache gebracht, der noch nicht ganz klar war. Verschiedene KollegInnen brachten ihre Argumente für eine Verschiebung fast leidenschaftlich in die Diskussion ein. Das ganze Prozedere ging fast 15 Minuten, bis der Termin unter Dach und Fach war. In einem späteren Konferenzpunkt wurde die skandalöse Herausnahme eines Jungen aus einer uns bekannten Gemeinschaftsschule zur Sprache gebracht. Der Junge wurde anschließend mit seinen Eltern abgeschoben. Es herrschte (betroffenes) Schweigen, niemand ergriff das Wort. Es ging hierbei darum, Haltung zu zeigen. Wie stehe ich als Pädagoge zu dieser Handlungsweise und inwieweit bin ich bereit, Kinder davor zu schützen? Die Motive scheinen auf der Hand zu liegen. Bei der ersten Diskussion ging es um „meine“ Interessen, für die ich bereit bin, mich einzusetzen. Die Flüchtlingsfrage macht betroffen, betrifft mich aber nicht, und ich kann sowieso nichts ändern. Sind LehrerInnen wirklich so egoistisch und abgebrüht?

Es ist merkwürdig, dass schlechte Kommunikation immer dann funktioniert, wenn eine der Parteien gar kein Interesse hat, den Inhalt voranzutreiben. Das sieht dann so aus: „Du hörst mir nicht mal zu ..., lass mich doch mal ausreden ..., schrei mich nicht an ..., so kannst du mit mir nicht reden ..., deine Ansichten kennen wir schon ..., das geht gar nicht ..., so geht das nicht ...“ u.v.m. Im Kollegium einer Schule kennen sich die meisten LehrerInnen schon eine ganze Weile. Man sollte denken, dass die Gewohnheiten, die Absichten oder die Haltung der Anderen gegenseitig bekannt sind. Weshalb verweigern dann erwachsenen Menschen, unter dem Vorbehalt, dass die Kommunikation gestört sei, die Auseinandersetzung? Weshalb scheitern Streitgespräche in der Regel und Belanglosigkeiten werden minutiös ausgeführt?

Diskussionen und Auseinandersetzungen sind anstrengend. Bei einer Schüler-Lernplattform werden hierfür die drei „B‘s“ als wichtig erachtet: Behauptung, Begründung, Beispiel. Dazu werden die Gesprächsregeln genannt: Gegenüber ernst nehmen, ausreden lassen, zuhören usw. Diese kennt jeder, und trotzdem werden sie zum Stein des Anstoßes, weil die Einhaltung nicht immer perfekt gelingt und weil Abweichungen manchmal zum Ende der Diskussion führen. Jeder weiß, dass die perfekte Kommunikation ziemlich langweilig ist. Wenn alle Regeln eingehalten werden, wird auch meist die Sache, um die es geht, nicht vorangetrieben.

Die emotionale Diskussion

Ein wesentlicher Teil des menschlichen Verstandes ist damit beschäftigt, unsere Gefühle zu organisieren und eventuell anzupassen. Das geschieht bei Angst, Wut oder Trauer und bei Streben nach Anerkennung, Liebe usw. Bei allem, was wir in unserer Umwelt erleben, wird unser Gefühlscenter im Gehirn eine Bewertung vornehmen. Objektives Denken fällt dabei schwer, wie man sich denken kann! Die emotionale Intelligenz[46] fasst diese Gefühle in eine Fähigkeit, die es im Laufe eines Lebens zu erlernen gilt. Es ist auch bekannt, dass der Lerneffekt bei Erwachsenen bezüglich ihrer Gefühle überschaubar ist. Das heißt, wir sind

---

[46] **Emotionale Intelligenz** ist ein von John D. Mayer (University of New Hampshire) und Peter Salovey (Yale University) im Jahr 1990 eingeführter Terminus. Er beschreibt die Fähigkeit, eigene und fremde Gefühle (korrekt) wahrzunehmen, zu verstehen und zu beeinflussen.

sehr oft nicht in der Lage, ein Gespräch, eine Diskussion streng nach den Regeln des Kommunikationsmodells von Schulz von Thun zu führen. Weshalb das auch gar nicht weiter schlimm ist, versuche ich im Folgenden zu erklären.

Warum wir die Gefühle bei den Diskussionen oder Auseinandersetzungen plötzlich draußen lassen sollen, erschließt sich mir nicht. Alle Themen, die uns bewegen, müssen über die Gefühlsebene kanalisiert werden. Das kann manchmal zu lauterer Stimmlage, unkontrolliertem Dazwischenreden oder auch zu sogenannten Killerphrasen (Totschlagargumente: „Dafür ist jetzt keine Zeit ...; das haben wir noch nie so gemacht ...; das ist eine banale Frage ...; ich weiß schon, wie das endet ...; dort mag das funktionieren, hier bei uns nicht ...; machen Sie sich nicht lächerlich ..." usw.) führen. Die Frage ist doch: Was macht das schon, oder was machen wir daraus? Es gibt immer Diskussionsteilnehmer, die in der Lage sind, solche Gefühlsausbrüche wieder zu relativieren und die Wogen zu glätten: „Ich versuche mal zusammenzufassen, was gerade gesagt wurde ...; du hast so laut gesprochen, dass man dich nicht verstehen konnte ...; wie wär`s mit einer kleinen Pause?" Und so weiter. Im Wesentlichen ist es immer die Haltung, die eine Diskussion prägt. Also welche Grundeinstellung und daraus folgende Zielstellung wird zu meiner Wertehaltung? Dies kann sich auf ein Thema beziehen (was halte ich von Ziffernnoten?), auf einen Prozess (welchen Weg möchte ich mit meiner Schule einschlagen? – Schulentwicklung) oder ein bestimmtes Vorgehen (welche Möglichkeiten bleiben uns, diesen Schüler zu beschulen?). Bei all diesen Dingen sind das Herzblut und damit die Gefühle im Spiel. Daneben – Emotion vs. Ratio – spielt das vernunftgeleitete Denken eine große Rolle. Das Entscheidende ist, ob wir in der Lage sind, neben unseren Gefühlen unser Können, Wissen und Erfahrung mit einzubringen.

Viele Entscheidungen (auch aus Wirtschaft oder Politik) werden nicht aus der reinen Vernunft her gefällt. „Ein Kerngebiet des limbischen Systems, die Amygdala, feuert vor allem, wenn Angst im Spiel ist, etwa wenn die Gefahr besteht, etwas zu verlieren ... Wissenschaftler sprechen vom Framing-Effekt: Ist die gleiche Tatsache unterschiedlich formuliert, entscheiden sich Menschen oft anders. Der Grund:

„Bei der Androhung, 30 Pfund zu verlieren, wird die Amygdala aktiviert und motiviert dazu, das Risiko einzugehen — schließlich verliert man ansonsten etwas. Die Amygdala feuert aber nicht, wenn es heißt, 20 Pfund sicher einstreichen zu können — obwohl das Ergebnis für den Geldbeutel ja genau dasselbe ist. Neben der Amygdala ist auch das Belohnungssystem im Gehirn ein Frühindikator für Entscheidungen."[47]

Dieses Beispiel sollte noch einmal verdeutlichen, WIE das Gehirn (und seine Gefühlsebenen) auf verschiedene Konstellationen unterschiedlich reagiert: Gefühle sind oft stärker als die Vernunft! Wir sollten nicht so tun, als könnten wir immer alles kontrollieren.

---

[47] Das Gehirn Info (https://www.dasgehirn.info/): In einer Studie blickten Benedetto De Martino und seine Kollegen vom University College London mit einem Magnetresonanztomographen (MRT) in das Gehirn von Probanden.

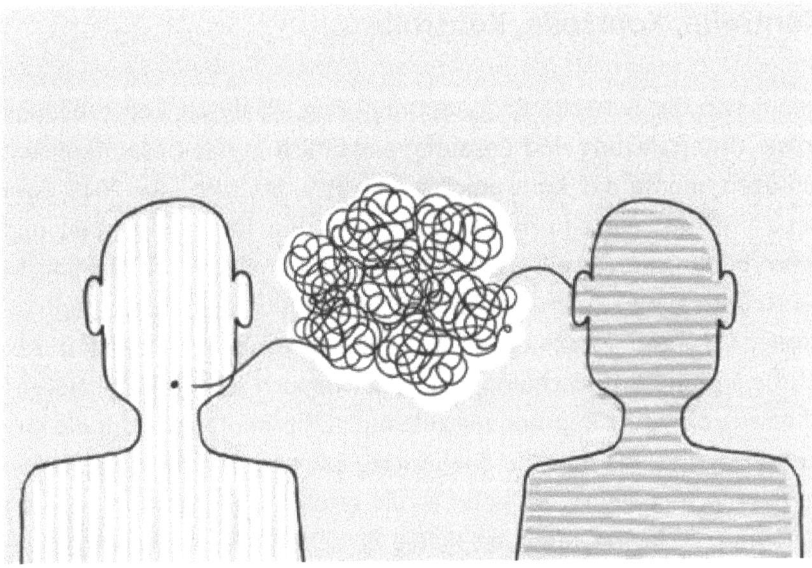

Kontrolle, Kontrolle, Kontrolle ...

Damit sich die Bereiche Bildungsmonitoring, Analysen, Lehrerbildung sowie Unterstützung und Beratung einheitlich in das Gesamtkonzept einfügen, plante das Kultusministerium BW, bis zum Jahr 2019 zwei neue Institutionen einzurichten: ein „Zentrum für Schulqualität und Lehrerbildung“ sowie ein „Institut für Bildungsanalysen“.[48] Die Ministerin stoppte alle Evaluierungsmaßnahmen der Vorgängerregierung. Außerdem wurden verschiedene Schulversuche ad hoc beendet: z.B. wurde an zehn Grundschulen der Modellversuch „Schule ohne Noten“ ohne ausreichende Begründung gestoppt. Ziffernnoten sind für die Kultusministerin Basis für eine qualifizierte Leistungsrückmeldung. Dabei wird einfach so getan, als gebe es die erfolgreiche Praxis in anderen Ländern (z.B. in Norwegen bis Klasse 8) nicht. Vereinheitlichung, Kontrolle, Gängelung: „So müsst ihr das machen und nicht anders.“ Vielfalt, progressive Schulentwicklung, pädagogische Freiheiten und die Lust, Schule weiter zu bringen, werden so ausgetrieben.

In Zeiten von größter Not, also wenn deine Schule wegen Gewalt, Mobbing und Konflikten aus den Fugen gerät, werden die Schreie nach Hilfe lauter. Meist wird nach einem „Programm“[49] gesucht, das möglichst ohne viel Aufwand (für einen selbst) und von außen operierenden Fachleuten gestaltet wird. Leider werden im Nachhinein die guten Ansätze

---

[48] Aus Kultus und Unterricht BW

[49] Auswahl: Das Ziel von **FAIRPLAYER:** Menschen dazu bewegen, Verantwortung, Toleranz und Fairplay zu zeigen, entsprechend zu handeln und Vorbild für andere zu sein (Innenministerium).
Zehn-Punkte-Plan der SPD: Plan, der Mobbing, Beleidigungen und Gewalt an Schulen eindämmen soll. **Aktionsbündnis** „16 Tage gegen Gewalt an Frauen“. Das Training **„Stark im Team“** ist speziell auf die Bedürfnisse von Klassen und Gruppen aller Altersklassen ausgerichtet.

nicht weiterverfolgt. Die SchülerInnen fallen nach kurzer Zeit wieder in alte Verhaltensweisen zurück. Wenn alles nichts mehr hilft, werden einfach die Regeln erweitert. Kleidung, Benehmen und Handy-Umgang werden vorgeschrieben. Verstöße werden streng geahndet, die Disziplinierung überschattet das soziale Lernen. „Sozialverhalten und Moral aber leben von Grauzonen, von Verhalten, das man nicht so genau kennt. Es lässt sich nicht normieren wie die Größe von Nägeln oder Schrauben. Wo wirkliche Menschen leben, gehört der Regelverstoß zum Sozialleben dazu."[50]

Erst der Regelverstoß eröffnet die Möglichkeit der sozialpädagogischen Intervention. Der kreative, handlungsorientierte Umgang mit Fehlern zeichnet eine gute Schule aus. Diese Aussage ließe sich ohne weiteres auf den Fächerkanon erweitern.

In vielen Schulen sieht man schon von außen, WIE sie sich schmücken: „Schule ohne Rassismus" („Schule ohne Rassismus – Schule mit Courage" beschäftigt sich nicht nur mit dem klassischen Rassismus. Seit der Gründung des Projektes gilt: „Die Diskriminierung von Menschen wegen ihres Glaubens, des Geschlechts und der sexuellen Orientierung, der Hautfarbe und Herkunft, der Behinderung, der Schulart, der Nationalität und was auch immer, lehnen wir ab.").

Es gibt die MINT-Schule („MINT-Schule" ist die Exzellenz-Auszeichnung für Schulen der Sekundarstufe 1, die in den Bereichen Mathematik, Informatik, Naturwissenschaft und Technik Bestes zu bieten haben und als Leuchttürme Vorbilder für andere sind.).

---

[50] R.D. Precht: Jäger, Hirten, Kritiker, Goldmann 2018

Die gutgemeinten Ziele und Grundsätze der Initiatoren werden in vielen Schulen nicht wirklich angewendet. Auch hier werden die Projekttage oder -wochen von außen (von der Lehrerschaft) initiiert und geplant. Richtige Projektarbeit sieht anders aus. Man möchte die Zügel nicht aus der Hand geben („die sind noch nicht so weit ...") und gibt der Kontrolle den Vorrang.

„Projektarbeit ist das selbstständige Bearbeiten einer Aufgabe oder eines Problems durch eine Gruppe von der Planung über die Durchführung bis zur Präsentation des Ergebnisses. Projektarbeit ist eine Methode demokratischen und handlungsorientierten Lernens, bei der sich Lernende zur Bearbeitung einer Aufgabe oder eines Problems zusammenfinden, um in größtmöglicher Eigenverantwortung immer auch handelnd-lernend tätig zu sein." Dieser Auszug aus dem Methodenpool[65] von Projektarbeit verdeutlicht die Kontrollsucht, die dem entgegensteht. Es ist aber auch die Angst, die Kontrolle zu verlieren, weil jeder „Fehler" vermeintlich von „oben" sanktioniert wird. Den KollegInnen fehlt das Selbstvertrauen, um Verantwortung zu übernehmen. Selbst kleinste Entscheidungen müssen „abgesegnet" werden: „Kann ich die Fahrkarten bestellen?"

Die Folgen für das Bildungssystem und unser Zusammenleben in der Gesellschaft sind fatal. Die SchülerInnen benehmen sich beispielsweise in rigide überwachten Situationen angemessen oder so angepasst, dass sie nicht auffallen. In freien unbeobachteten Situationen schlagen sie über die Stränge. Dabei sind nicht nur kleine Streitereien und Auseinandersetzungen nachzubehandeln, sondern schwere Konflikte wie Gewalt, Mobbing und Erpressung. Schon Kinder im Grundschulalter verlieren dabei völlig die Beherrschung und verletzen ihre MitschülerInnen auch körperlich. Wie soll man diese Konflikte im Nachhinein

„behandeln“? In größeren Schulen gibt es überall den Einsatz von Streitschlichtern und Sozialarbeitern. Diese handeln in ihrem Kontext meist sinnvoll, aber ohne Anbindung an die Klassensituation. So wurden in einer Klasse zwei Schüler von einer Lehrerin in das Sekretariat zitiert. Dort wurden sie wegen Gewaltanwendungen nach Hause geschickt. Am nächsten Tag nahmen die Schüler wieder am Klassenunterricht teil. Die Lehrkräfte der Klasse und die SchülerInnen wurden nicht informiert. Was haben die betroffenen Schüler dabei gelernt?

In der Kontrollsituation „überwacht“ die Schulleitung ihr Kollegium/KollegInnen. Zur Kontrolle müssen fast alle Entscheidungen von der Schulleitung bestätigt werden. Dadurch werden Machtstrukturen (der Schulleitung) gefestigt und wenig Anreize zu eigenverantwortlichem Verhalten produziert. Oder LehrerInnen handeln heimlich an der Schulleitung vorbei und verbünden sich mit anderen gleichgesinnten KollegInnen. Dadurch entsteht eine ungünstige Kommunikationsstruktur, die intransparent und verletzend sein kann. Wie sich dies auf das Handeln der LehrerInnenteams auswirkt, kann man sich denken: Angepasst und auf Wohlwollen ausgerichtet. Die Folge für diese unbefriedigenden Strukturen sind erhöhter Versetzungswillen. Wenn Lehrkräfte sich in einer Schule nicht angenommen fühlen, zu wenig Eigenverantwortung gefördert wird und dadurch Vertrauensdefizite entstehen, hat dies Defizite im Engagement zur Folge. Für die Planung und die Gestaltung von Unterricht nicht die günstigsten Voraussetzungen. Wie sollen sich junge Lehrkräfte entwickeln, wenn es ihnen nicht erlaubt ist, Fehler zu machen?

Gesundheit und Krankheit – Was LehrerInnen erleiden

„Ich verstehe schon, warum Sie in die Schule gehen: Sie sorgen sich, dass der Chef denkt, Sie seien faul." Präsentismus heißt das Phänomen, wenn Menschen zur Arbeit kommen, obwohl sie krank sind. Es ist ziemlich verbreitet: Der Deutsche Gewerkschaftsbund hat herausgefunden, dass 67 Prozent der Beschäftigten das mindestens einmal im Jahr so halten[51].

„Ende Oktober 2018 hat ein 16-jähriger Schüler seiner Lehrerin eine sehr echt aussehende Druckluftpistole an den Kopf gehalten und sie aufgefordert, ihn als anwesend ins Klassenbuch einzutragen."[52] Erst als das Video in sozialen Netzwerken zirkulierte, unternahm die Schulleitung etwas. Frankreichs LehrerInnen beklagen die Untätigkeit der Administration bei Gewalt gegen Lehrkräfte.

„Das Ausmaß an Gewalt gegen Lehrer hat einer Umfrage zufolge ein erschreckendes Ausmaß erreicht: Viele Pädagogen berichten davon, dass sie von Schülern bedroht oder attackiert wurden - auch an Grundschulen. Die Hälfte der deutschen Lehrerinnen und Lehrer erlebt psychische Gewalt am Arbeitsplatz. Gesprochen wird darüber selten."[53]

„Bedenke, dass die menschlichen Verhältnisse insgesamt unbeständig sind, dann wirst du im Glück nicht zu fröhlich und im Unglück nicht zu traurig sein" (Sokrates). Guter Rat ist teuer?

---

[51] ZEIT Online: Krank zur Arbeit: Bleiben Sie bloß im Bett!
[52] Taz, 27./28.10.2018: Frankreichs Lehrer protestieren auf Twitter gegen Gewalt an Schulen
[53] Eine durch den Verband Bildung und Erziehen (VBE) in Auftrag gegebene forsa-Umfrage.

Burnout[54] im LehrerInnenberuf ist nicht selten. Dieser Sammelbegriff für verschiedene Symptome (Depression, Erschöpfung, Lethargie, Schmerz, Überforderung, Angststörungen usw.) erleichterte für die Betroffenen den Zugang zu Hilfen. Psychische Erkrankungen werden lange Zeit verschwiegen, weil sie in der Gesellschaft nicht anerkannt sind, und die Betroffenen unter Stigma[55] und Ausgrenzung zu leiden haben. Für die Depression gilt dies im besonderen Maße. Viele verwechseln diese Erkrankung mit schlechter Laune, Stimmungstief und Niedergeschlagenheit: „Reiß dich doch einfach mal zusammen und lass dich nicht hängen. Wenn das jeder machen würde!"
Viele KollegInnen scheiden zeitweise oder ganz aus dem Schuldient aus. Nur noch etwa die Hälfte der Lehrkräfte erreicht das reguläre Pensionsalter. Es gibt Studien, die für ein Viertel der LehrerInnen den Begriff „ausgebrannt" konstatieren. Es gibt auch schon für JunglehrerInnen einen Fragebogen, um die Risiken für Burnout zu untersuchen.
Wortlaut der Kleinen Anfrage 1277 der Abgeordneten Renate Hendricks, SPD, vom 21. Dezember 2006 an das Kultusministerium NRW: „Ein besseres Arbeitsklima und Trainingsprogramme für Rektoren könnten die deutschen Lehrer vor dem Burnout schützen. Viele Lehrer und Lehrerinnen leiden unter Überbelastung, Resignation."

Burnout-Gefahr: Fast zwei Drittel der Lehrer und Lehrerinnen gelten aus beruflichen Gründen als gesundheitsgefährdet. Ihnen könnte geholfen werden, wenn der Arbeitsalltag der Lehrer und Lehrerinnen verändert würde. Zu diesem Ergebnis kommt eine Studie der Universität

---

[54] Lehrer am Limit: Gegensteuern und durchstarten – Ein Lehrer-Ratgeber mit Sofortwirkung und Langzeiteffekt – Heike Frank, Herausgeber: Beltz

[55] Wikipedia: Etwas, wodurch etwas oder jemand deutlich sichtbar in einer bestimmten, meist negativen Weise gekennzeichnet ist und sich dadurch von anderen unterscheidet.

Potsdam, die gerade vorgestellt wurde. Als belastende Faktoren benennt die Studie zu große Klassen, Problemschüler und hohe Stundenzahlen. Vor allem aber Stress im Lehrerzimmer.

Lehrer und Lehrerinnen geht es dort gut, wo die Beziehungen im Kollegium durch Offenheit, Interesse füreinander und gegenseitige Unterstützung gekennzeichnet sind, darauf weist die Studie hin. Die Potsdamer Wissenschaftler haben ein Programm zur Teambildung erarbeitet, das in den Schulen eingesetzt werden kann. Dieses Programm kann nach einem halbjährigen Training in Schulen angewendet werden. Unter anderem geht es darum, wie Entscheidungen transparenter gemacht werden können. Wie und wo ein Austausch unter den Kollegen erreicht werden kann. Außerdem haben die Wissenschaftler einen Fragebogen entwickelt, mit dem die Lehrer und Lehrerinnen überprüfen können, ob sie mehr arbeiten als andere Kollegen an anderen Schulen. Ein Ergebnis der Studie ist, dass hinter einem problematischen Schulklima oft auch eine nicht so professionelle Schulleitung steckt ...

1. Welche Erkenntnisse gewinnt die Landesregierung aus der Potsdamer Studie?

2. Welche Konsequenzen beabsichtigt die Landesregierung aus den gewonnenen Erkenntnissen zu ziehen?

3. Welche Maßnahmen zum Schutz vor Überforderung und zum Erhalt der Gesundheit von Lehrer und Lehrerinnen werden derzeit in NRW durchgeführt bzw. angeboten?

Die Antwort der Ministerin war ernüchternd. Man nehme das Ergebnis der Studie zur Kenntnis und man solle doch nicht pauschal von der Gruppe der LehrerInnen sprechen. Und der Hinweis auf ein Pilotprojekt für zehn Schulen (!), die kompetente Unterstützung erhielten.

„Krankheiten befallen uns nicht aus heiterem Himmel, sondern entwickeln sich aus täglichen Sünden wider die Natur. Wenn sich diese gehäuft haben, brechen sie unversehens hervor" (Hippokrates von Kós).

Alle Maßnahmen der Gesundheitsförderung dienen zur Stabilisierung der Lehrerpersönlichkeit und zur Vermeidung von Krankheit. An welchen Schulen werden diese Maßnahmen durchgeführt und wo vermeiden sie tatsächlich Krankheit und Burnout? An meiner Schule setzte sich das Kollegium langanhaltend und intensiv mit dem Thema auseinander. Am Ende war es so zeitaufwändig und kräftezehrend, dass es mittelfristig fallengelassen wurde. Der Grund war auch, dass keine Unterstützersysteme wirklich griffen. Wieder einmal blieb alles an den engagierten KollegInnen hängen.

Das groteske an der Situation ist, dass allein die Erkenntnis, also die Einsicht durch Erfahrung, die Wirklichkeit nicht ändert. Weshalb greifen die Unterstützersysteme nicht, und wer behindert eigentlich diese Prozesse?

Die Diskrepanz zwischen Schein und Sein kommt bei der Betrachtung der gesundheitsfördernden Maßnahmen in der Schule besonders zutage. Die Vorschläge, Maßnahmen, Erkenntnisse und Programme kommen bei den Betroffenen nicht an!

Schein und Sein (Wilhelm Busch)

Mein Kind, es sind allhier die Dinge,
Gleichwohl, ob große, ob geringe,
Im Wesentlichen so verpackt,
Dass man sie nicht wie Nüsse knackt.

Wie wolltest du dich unterwinden,
Kurzweg die Menschen zu ergründen.
Du kennst sie nur von außenwärts.
Du siehst die Weste, nicht das Herz.

What about STRESS?

Niemand, wirklich niemand ist ohne. Stress ist etwas natürliches, wenn plötzlich mehrere Dinge auf einmal erledigt werden sollen, wenn die gestellte Aufgabe unüberwindlich scheint, wenn „Nebengeräusche“ (Babygeschrei, Autohupe, Presslufthammer, Mopedgeknatter oder einfach das Geklapper von Geschirr ...) die eigene Aufmerksamkeit stören. Der Arbeiter auf dem Bau, die Reinemachefrau, der Fahrradkurier, die Lehrerschaft, die Arbeiter am Band und die Banker an den Schaltzentralen der Macht, die Politiker und die Staatschefs der Länder, ALLE haben Stress.

„Ich benötige einfach den Stress, das treibt mich an, erhöht meine Konzentration und lässt mich produktiver arbeiten.“ Das sagte mein Nachbar zu mir, als er gegen 20.00 Uhr von der Arbeit nach Hause kam und immer noch lächelte.

Eine Kollegin, der ich im ungünstigsten Fall schon vor dem Unterricht begegne, kommt schon gramgebeugt in die Schule. „Hast du schon den Vertretungsplan gesehen? Es ist unglaublich, man könnte denken sie (die Schulleiterin) macht das absichtlich, ich könnte gerade wieder nach Hause gehen, ich bin sowieso noch erkältet, und das ist der Dank?“ Usw. usf.

Was macht Stress mit uns?

„Eine andere Frage war: ‚Glauben Sie, dass Stress gesundheitsschädlich ist?‘ Und dann wurden öffentliche Sterbeverzeichnisse genutzt, um herauszufinden, wer gestorben war (Gelächter). Okay. Ein paar schlechte Nachrichten zuerst. Menschen, die im letzten Jahr viel Stress hatten,

hatten ein 43 % höheres Sterberisiko. Das stimmte aber nur für diejenigen, die auch glaubten, dass Stress gesundheitsschädlich ist (Gelächter). Die Leute, die viel Stress durchlebten, dies aber nicht als schädlich ansahen, hatten kein höheres Risiko zu sterben. Tatsache ist, sie hatten das niedrigste Sterberisiko innerhalb der Studie, inbegriffen derer, die vergleichsweise wenig Stress hatten. Jetzt haben die Forscher hochgerechnet, dass in den acht Jahren, in denen sie die Todesfälle verfolgten, 182 000 Amerikaner vorzeitig starben. Dies aber nicht stressbedingt, sondern aufgrund des Glaubens, dass Stress schädlich ist (Gelächter). Das sind über 20 000 Todesfälle pro Jahr. Falls diese Schätzung korrekt ist, heißt das, dass der Glaube an Stress als Gesundheitsrisiko in der Liste der Todesursachen Platz 15 einnimmt, allein im vergangenen Jahr in den USA. Dadurch werden mehr Menschen getötet als durch Hautkrebs, HIV/Aids und Mord ... Und Teilnehmer, die lernten, ihre Reaktion auf Stress als ihrer Leistung zuträglich zu bewerten, tja, die waren weniger gestresst, weniger ängstlich, zuversichtlicher. Aber der beeindruckendste Fund der Studie war für mich, wie die körperliche Stressreaktion der Probanden sich veränderte. Bei einer typischen Reaktion des Körpers auf Stress erhöht sich die Herzfrequenz, die Adern ziehen sich zusammen. Und das ist einer der Gründe, dass chronischer Stress manchmal mit Herz-Kreislauf-Erkrankungen zusammengebracht wird. Es ist eben nicht gesund, sich länger in einem solchen Zustand zu befinden. Wenn aber während der Studie die Probanden ihre Stressreaktion als hilfreich einstuften, blieben die Adern entspannt, so also. Das Herz schlug nach wie vor, aber in viel gesünderem Ausmaß. Das sieht sogar sehr so aus wie ein Moment der Freude, des Muts. In einem Leben, geprägt von Stress, kann diese eine biologische Änderung den Unterschied ausmachen zwischen einem stress-induzierten Herzinfarkt mit 50 und einem guten Leben bis zum Alter von 90 Jahren. Und genau das ist es, was die moderne Wissenschaft über Stress enthüllt: es ist entscheidend, wie man über Stress denkt. Somit hat sich mein Ziel als Gesundheits-Psychologin geändert ..."[56]

Nun kann man jemandem, der kopfüber in Arbeit steckt und dazu den Druck von seinem Chef aushalten muss, nicht sagen, „mach dich mal locker, alles halb so schlimm".

Wie ich mit Stress umgehe, hängt ja auch davon ab, wie ich z.B. gelernt habe, mit Arbeitsbelastungen umzugehen. Es hängt davon ab, welche Belastungen drum herum auf einen einprasseln: Tod eines Freundes, Ärger mit dem Lebenspartner, Probleme mit den Kindern, Krankheiten in der Familie, unbefriedigende Finanzlage, Streit mit dem Nachbarn usw. Und es hängt auch davon ab, welcher Typ ich bin. In manchen Familien ist die Aufgeregtheit schon vorprogrammiert (vgl. ADHS-Studien), deshalb ist es dann noch einmal schwerer, ruhig und besonnen auf Stress zu reagieren.

Das Entscheidende scheint mir zu sein, dass ich den Stress als Teil meines Lebens akzeptieren kann. Die Wirksamkeit von gesundheitsfördernden Maßnahmen hängt immer davon ab, inwieweit ich bereit bin, mich darauf einzulassen. Also zu akzeptieren, dass ich überfordert bin, dass ich Hilfe benötige, dass mir alles über den Kopf wächst. Meist sind die KollegInnen damit beschäftigt, neben der Stressbewältigung ihr Außenbild aufrecht zu erhalten. Das heißt bei den meisten, „ich kann das, ich habe das im Griff, ich benötige keine Hilfe – von dir schon gar nicht". Hilfen einzufordern und anzunehmen, ist einer der schwierigsten Übungen in meinem beruflichen Umfeld. Niemand wird darauf vorbereitet, im Gegenteil wird schon in der Ausbildung suggeriert, dass zum Beispiel

---

[56] Kelly McGonical: Wie man Stress zu seinem Freund machen kann; TedGlobal 2013

ein Methodenwechsel im Unterricht oder ähnliches schon Wunder bewirken kann.

Wie oben beschrieben, können die positiven Aspekte von Stress nur durch meine jeweilige innere Einstellung zum Tragen kommen. Dazu gehört die Akzeptanz, dass Stress (Faktoren wie schnellerer Herzschlag, Verengung der Blutgefäße usw.) hilft, die jeweilige Aufgabe zu bewältigen, und dass die Gewissheit, dass ich jederzeit Hilfen abfragen kann, meine inneren (Abwehr-) Kräfte ungemein stärken kann, weil auf der anderen Seite auch meine Hilfen von meinen KollegInnen geschätzt und gebraucht werden können.

Die Inklusion[57] ODER

Die Unmöglichkeit, eine Reform durchzuführen

Als eine Inklusionsklasse (Kinder einer Regelschule mit fünf SonderschülerInnen) ein Kinovorführung besuchte, kam es zu folgendem Zwischenfall: Nacheinander trafen die SchülerInnen anderer Schulen ein. Bei einer Klasse ging ein Raunen durch die SchülerInnen: „Uhh, die Sonderschüler kommen, die Doofis, igitt, die stinken doch ..." Den Kindern war in dem Augenblick gar nicht klar, dass in ihrer eigenen Klasse Sonderschüler saßen!

In der Werbung für „Inklusion im Fokus" (Zeitschrift des Verlags PRO Schule) werden Infos, Arbeitshilfen und Tipps für den Unterricht mit SchülerInnen mit Förderbedarf in Regelklassen angeboten. Es hört sich ganz leicht an: „Werden Sie gelassener bei jeder Art von Unterrichtsstörung, beugen Sie der eigenen Überforderung vor", usw. usf. Und das Wichtigste: „Erleichtern Sie sich den Unterricht im gemeinsamen Unterricht." Meine KollegInnen aus der Inklusion werden herzlich lachen beim Lesen dieser Vorschläge. Aber in der Wirklichkeit ist uns das Lachen vergangen.

Die Referendare erzählen von ihrer Ausbildung, dass ihnen die Inklusion schon zum Hals raushänge. So viel haben sie über diesen Bildungsansatz erfahren. Aber stimmen denn die Bedingungen? Lernen die inklusiv unterrichteten SchülerInnen tatsächlich noch genug? Werden die

---

[57] In der 2006 beschlossenen UN-Konvention über die Rechte von Menschen mit Behinderungen verpflichten sich die Unterzeichnerstaaten, ein *inclusive education system* (engl., dt. *inklusives Bildungssystem*) zu errichten, in dem der gemeinsame Unterricht von Schülern mit und ohne Behinderung der Regelfall ist.

Anderen nicht vom Lernen abgehalten? Die Referendare stellen Fragen, die ihre Eltern wahrscheinlich auch gestellt hätten. Man kann es ihnen nicht verübeln. Die Ausbildung konnte leider nicht den pädagogischen „Spirit" befördern.

Die Idee, dass alle Menschen im gleichen Kontext miteinander und voneinander lernen können und dass dies eine Gesellschaft insgesamt in ein anderes Verhältnis zueinander bringt, wurde nicht oder nur unzureichend behandelt.

Woher kommen die Widerstände von Lehrkräften und Eltern? Meist von der Befürchtung, dass die Umsetzung der Reform auf dem Rücken der Beteiligten stattfindet. Diese Angst ist nicht unbegründet, denn „Schulversuche" verunsichern häufig, statt zu bestärken. Vordergründig wird der Leistungsgedanke als Gegenspieler der Inklusion genannt. Die Ängste, dass „mein Kind" gemeinsam mit Behinderten schlechter lernen kann, sitzen in vielen tief. Unser Bildungssystem, das „lernen im Gleichschritt" verordnete, ist dafür ursächlich verantwortlich. Die Idee, dass alle zur gleichen Zeit mit Gleichaltrigen in dem dazugehörigen dreigliedrigen System (Hauptschule, Realschule, Gymnasium) das Gleiche lernen sollten, ist aus den Köpfen nur schwer zu entfernen.

In Inklusionsklassen, in denen das „Setting" (ausgewogenes Verhältnis von Regel- u. Inklusionsschülern, d.h., dass die Anzahl der InklusionsschülerInnen stimmen muss – nicht mehr als fünf o. sechs – und dass die Klassenstärke herabgesetzt wird) stimmt, wird das Gegenteil bewiesen. Seit Jahren kämpfen die Bildungstheoretiker dagegen an, wie denn die Ungleichheit im Bildungssystem beseitigt werden kann.
"Die Reproduktionsmechanismen der Schule, die Bourdieu und Passeron bereits in den 1960er Jahren identifiziert haben, zeigen bis heute

noch ihre Auswirkungen. Der soziale Filter macht sich in jeder Bildungsinstitution und beim Übergang in die nächste Bildungsinstitution bemerkbar. In der Bundesrepublik Deutschland wird die schulische Leistung auch vor dem Hintergrund der sozialen Herkunft stets mit bewertet, obwohl formal für alle Kinder und Jugendlichen die gleichen Rechte gelten."[58]

Die jungen Leute kommen in die Schulen und sind besessen davon Lernstoff zu vermitteln: „Das steht doch im Bildungsplan." Im Gymnasium wird beklagt, dass zu wenig politische Bildung vermittelt werden kann, da nur ca. 15 Minuten pro Woche dafür zur Verfügung stehen. Auf die Idee, dass man z.B. in diesen unruhigen politischen Zeiten die Jugendlichen diskutieren lässt, ohne auf die Stechuhr zu schauen, kommen die wenigsten. Man nennt das pädagogische Freiheit. Aber das geht ja schon wieder von meinem Lernstoff ab. Unsinniger kann Unterricht nicht begründet werden.

Am 15. Juli 2015 wurde in Baden-Württemberg das Schulgesetz wegen der Inklusion geändert.

Im Folgenden kommentiere (→) ich die wesentlichen Änderungen:

Die Eltern von Kindern mit einem Anspruch auf ein sonderpädagogisches Bildungsangebot haben die Möglichkeit zu wählen, ob ihr Kind an einer allgemeinen Schule oder einem Sonderpädagogischen Bildungs- und Beratungszentrum (SBBZ) lernen soll.

---

[58] Huffpost, Elvedin Goljica, Blog, 21.10.18: Wir müssen soziale Ungleichheit im Bildungssystem bekämpfen

Der elterliche Erziehungsplan soll handlungsleitend bei der Entscheidung sein. In der Praxis finden Besprechungen und Absprachen statt, denen die Eltern nicht im Mindesten folgen können (Gründe hierfür sind vielfältig: Sprache, Kultur, Bildungsferne usw.). Das heißt, die Entscheidungen, die letztendlich getroffen werden, begründen sich auf meist sehr pragmatische Lösungen. Eltern, die selbst ein SBBZ besucht haben, wissen um die vielfältige Fürsorge, die eine Sonderschule bietet, warum sollten sie darauf verzichten? Sinti und Roma haben kein besonderes Interesse an Bildung, deshalb wird es in der Regel ein SBBZ, das Fehlzeiten und Fehlverhalten meist toleriert. Warum sollten sie sich mit den Regeln und Aufgaben in einer Regelschule auseinandersetzen? Eltern von Kindern aus bestimmten Kulturkreisen (z.B. Italien oder Iran) sehen es als gesellschaftlichen „Abstieg", wenn ihre Kinder eine Sonderschule besuchen. Sie werden alles daransetzen, dass ihre Kinder eine Regelschule besuchen. Die Motive zum Besuch einer Regel- oder Sonderschule sind vielfältig, aber meist nicht an dem Kind orientiert.

Inklusion ist Aufgabe aller Schularten.

→Die Gymnasien des Landes vermeiden beharrlich, dass Kinder mit anderen Bildungsgängen diese Schulart besuchen (Ausnahme: Körperliche Handicaps).

Der zieldifferente Unterricht wurde ins Schulgesetz (Ausnahme Sekundarstufe II) aufgenommen.

→Die Regelschule ist in keiner Weise auf die innere Differenzierung vorbereitet (weder Material noch die Bereitschaft der KollegInnen wird befördert). Bei sehr leistungsschwachen Kindern kommt oft die lapidare

Feststellung: „Wie soll der einen Abschluss schaffen?“ Dass er das gar nicht muss, ist den meisten gar nicht klar.

Sonderschulen entwickeln sich zu Sonderpädagogischen Bildungs- und Beratungszentren.

→Beratung sollte mit einem bestimmten Ziel verbunden sein. In unserem Fall, dass der zu Beratende eine Entscheidung für sein Kind treffen kann oder Wissen über pädagogisches Handeln in Erfahrung bringt. Vor dem Hintergrund einer schwierigen Klientel (abwertende Haltung gegenüber Schule, angenommene ungerechte Behandlung ihrer Kinder, Kritik an der Schullaufbahn usw.) sollte Beratung in einem professionellen Kontext stattfinden. Das beinhaltet ein hohes Maß an Empathie, Wissen über Kommunikationsformen und Gesprächsführung. Oft werden KollegInnen aus dem Referendariat direkt in inklusiven Unterricht, sonderpädagogische Aufgaben außerhalb der Sonderschule und in Beratungssituationen innerhalb der SBBZs gebracht. Es wurde ihnen bisher von niemandem vermittelt, wie o.g. Situationen zu bewältigen sind: „Das schaffen Sie.“

Die Steuerungsfunktion der Schulverwaltung (Schulangebotsplanung, Bildungswegekonferenz) wurde gestärkt.

→Letztendlich fallen Entscheidungen des Schulträgers kurios aus. Sie hängen ab von den aktuellen Zahlen (bei zu vielen Meldungen wird gebremst!), der Aufnahmebereitschaft der Schulen (manche Schulen nehmen sich eine Auszeit von der Inklusion!!) und der Überzeugungskraft der Pädagogen. Außerdem werden die Zuweisungen der SchülerInnen an die Regelschulen nach dem Gießkannenprinzip verteilt. Nicht die pädagogische Notwendigkeit entscheidet, sondern der Weg des geringsten Widerstandes („... in die 7a können wir noch einen reinsetzen, die Kollegin packt das“ usw.).

Das Gesetz ist in Stein gemeißelt und niemand beachtet die Umsetzung. In manchen Schulen werden die Gesetzestexte einfach ins Fach gelegt. Es wird erwartet, dass diese Dinge gelesen und umgesetzt werden. Ich habe in den Fächern von KollegInnen Texte über Rahmenbedingungen in der Inklusion noch nach einem halben Jahr liegen sehen. „Schon gelesen?“ „Was denn?“ Die Kollegien in den Regelschulen setzen sich mehr oder weniger NICHT mit neuen Gesetzestexten auseinander. Warum ist das so? Da gibt es keine einfachen Antworten. Eine davon könnte so gehen: Die Aufgaben in der Regelschule sind vielfältig und komplex (besonders wenn es sich um eine relativ neue Schulform handelt: z.B. Gemeinschaftsschule). Von außen implementierte Aufgaben, bei denen niemand um Zustimmung oder Teilhabe gefragt wurde, vermindern die Mitarbeit oder/und Gestaltung des neuen Aufgabenfeldes. Einfacher ausgedrückt: „Was sollen wir noch alles machen?“

Wenn ein Kind in eine Regelschulklasse mit Inklusion kommt, wird der sonderpädagogische Förderbedarf[59] zeitlich begrenzt. Im Gegensatz zu der Beschulung in einer Sonderschule. Hier gilt: einmal Sonderschüler, immer Sonderschüler (Ausnahme: Eltern oder Lehrer leiten eine Rückschulung in eine Regelschule ein). In einem konkreten Fall musste ich pädagogische Berichte verfassen, weil der Förderbedarf abgelaufen war. Bei allen vier Schülern war klar, dass sie nur mit der Unterstützung eines Sonderpädagogen weiterhin erfolgreich in einer Inklusionsklasse

---

[59] Die Schulbehörde entscheidet, ob bei einem Kind oder Jugendlichen **sonderpädagogischer Förderbedarf** vorliegt. Dies erfolgt nach einem festgelegten Verfahren. Es handelt sich um ein Verwaltungsverfahren, über das die Eltern vorab informiert werden. Grundlage des Verfahrens ist ein sonderpädagogisches Gutachten.

beschult werden konnten. Dieses wurde in den Berichten ausführlich erörtert und begründet. Die Antwort des Schulamtes war lapidar und knapp: In zwei Sätzen wurde der sonderpädagogische Förderbedarf für drei Kinder aufgehoben! Weder an die Regelschule noch an den Sonderschullehrer wurde seitens des Schulamtes eine Rückfrage gestartet. Scheinbar hatte man festgestellt, dass im folgenden Schuljahr zu wenige Sonderpädagogen zur Verfügung stehen, und dann einfach die dringende Förderung von Kindern gestoppt.

Für eine Weiterentwicklung der Inklusion ist eine systemische Sichtweise notwendig. Besonders wenn die Umsetzung einer Reform aus verschiedenen Gründen scheitert, muss das derzeitige Handeln aus anderer Sicht überprüft werden. Das geschieht bei der Umsetzung der Inklusion nicht. Im Gegenteil sind es Sonderpädagogen, die ihr eigenes Umfeld ändern sollen und dabei in den Teufelskreis von der Erhaltung des eigenen Systems und deren Abschaffung kommen. Dieser Spagat ist nicht wirklich auflösbar und stellt die Beteiligten vor unüberwindbare Schwierigkeiten. Die Wechselwirkung der Systeme wird dabei völlig außer Acht gelassen (wer fragt die Regelschule?), deshalb kann auch keine erkenntnisleitende Lösung erfolgen. Regelschullehrkraft und Sonderpädagoge kommen immer wieder zu den gleichen Fragen: Wie definieren wir unsere Rolle? Wer setzt die Rahmenbedingungen durch? Wie werden die Interessen aller SchülerInnen gewürdigt? Wird die Be- und Entlastung der gemeinsamen Arbeit auch auf beide Schultern verteilt? Und so weiter.

Ganz zu schweigen von der psychischen Belastung, wenn sich z.B. die Teammitglieder im gemeinsamen Unterricht nicht verstehen oder sogar bekämpfen. Oder wenn die Regelschule aus Protest (oder anderen

Gründen) sich nicht auf die inklusive Beschulung einlässt, aber in der Öffentlichkeit bzw. beim Schulamt so tut, als wäre sie Befürworter.

In Nordrhein-Westfalen gibt es fünf Primus-Schulen.[60] Es soll erforscht werden, inwieweit die Grundschule in die Arbeit der weiterführenden Klassen einbezogen werden kann. Außerdem werden die Auswirkungen des längeren gemeinsamen Lernens untersucht.

Seit mehr als einem Jahr liegt der wissenschaftliche Zwischenbericht[61] über den Schulversuch mit fünf PRIMUS-Schulen dem NRW-Schulministerium vor. Er bestätigt die herausragende Stellung und Bedeutung der Schulen im Kontext des längeren gemeinsamen Lernens.

Der Zwischenbericht der wissenschaftlichen Begleitforschung zum durchgängigen gemeinsamen Lernen von Jahrgang 1 bis 10 empfiehlt der Ministerin, den PRIMUS-Schulen vor dem Auslaufen des Schulversuchs in 2023 bzw. 2024 eine Bestandsgarantie und damit Planungssicherheit zu geben.

In inklusiven Settings werden in jahrgangsübergreifenden Lerngruppen, in Teamarbeit von multiprofessionellen Teams (Zusammenarbeit unterschiedlicher Berufsgruppen) und in alternativen Leistungsbewertungen Anregungen für andere Lehrerteams gegeben. Die zuständige Ministerin in NRW möchte sich zu den Schulversuchen nicht äußern und bremst damit den Bestand dieses Modells. Das könnte eine Randnotiz im

[60] Zum Schuljahr 2013/14 startete **PRIMUS**, ein neuer Schulversuch zum längeren gemeinsamen Lernen.

[61] Zwischenbericht der wissenschaftlichen Begleitforschung zum durchgängigen gemeinsamen Lernen von Jahrgang 1 bis 10.

täglichen Umgang mit Schulversuchen sein, leider sprechen die Zahlen eine andere Sprache.

Obwohl die Inklusionsanteile seit Jahren steigen, bleibt der Anteil der SBBZ-Lernen-Schulen (ehemals Förderschulen) annähernd gleich.[62] Ca. 5 % der Schülerpopulation besuchen nach wie vor eine Förderschule. Ungefähr 21 % der Förderschüler werden inklusiv beschult, in jedem Bundesland nach anderen Kriterien und Quoten. In der Bertelsmann-Studie gemäß Fußnote ist zu lesen: „Die Förderquoten, also die Quoten, die unabhängig vom Lernort Förderschule oder allgemeine Schule den Anteil der Schüler mit einem diagnostizierten sonderpädagogischen Förderbedarf angeben, liegen in Deutschland zwischen 5,3 (Niedersachsen) und 10,8 Prozent (Mecklenburg-Vorpommern). Damit muss die Verlässlichkeit der Diagnosen und somit die Vergleichbarkeit der ermittelten Förderquoten infrage gestellt werden. (...) Entgegen vieler Sorgen verweisen Studien aus dem Ausland und auch aus Deutschland darauf, dass der Besuch einer inklusiven Schule für Kinder mit sonderpädagogischem Förderbedarf förderlicher ist als der einer Förderschule. Dies gilt insbesondere für die Förderschwerpunkte ‚Lernen', ‚Emotionale und soziale Entwicklung' sowie ‚Sprache'."

Leider wird durch Lehrermangel und den unvorbereiteten Einsatz der LehrerInnen vor Ort die Inklusion am langen Arm „ausgehungert". Weil gleichzeitig die Schülerzahlen für Kinder mit sonderpädagogischem Förderbedarf insgesamt stiegen (die Regelschulen melden alle auffälligen Kinder und nicht nur die, die sie „loswerden" wollen), wurde vor allem für die inklusiv beschulten Kinder in der Regelschule eine zeitliche Begrenzung festgelegt. Damit wird in vielen Fällen nach einem oder zwei

[62] Inklusion in Deutschland: Prof. K. Klemm im Auftrag der Bertelsmann Stiftung 2015.

Jahren den Kindern die Fördergrundlage entzogen. Dies geschieht auch gegen den Willen von Eltern, Regel- und Sonderschullehrern. Der Hintergrund der z.T. rigorosen Vorgehensweise der Schulämter bei ablehnenden Bescheiden sind die Vorgaben des Kultusministeriums. Hier nähern wir uns der Vorgehensweise der oben erwähnten Primus-Schulen in NRW: Rückwärtsgewandte Kräfte wollen mit aller Macht an der Dreigliedrigkeit des Schulsystems festhalten. Egal, was die anderen sagen und wie sinnvoll andere Systeme für Kinder und Jugendliche sein können!

Inklusion ist eine großartige Möglichkeit gesellschaftliche Entwicklungen **gemeinsam** zu gestalten. Die Förderung von Diversität (Vielfalt), Toleranz und Mitgefühl, das Miteinander im Lernen, Spielen und Helfen begünstigt eine positive Auswirkung auf Einstellung und Verhalten aller Beteiligten.

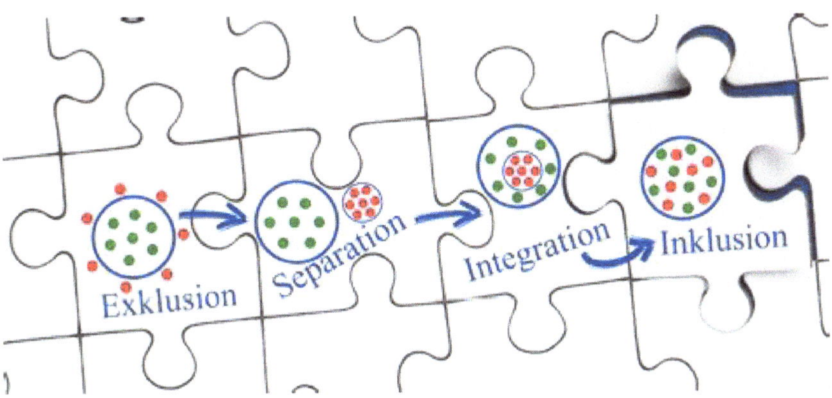

Kreativ handeln, aber wie?

„Mein Sohn spielte im Krippenspiel mit. Er spielte Josef, und wir dachten, es wäre eine Hauptrolle. Aber dann kamen die drei Könige, die in der wirklichen Geschichte Gold, Weihrauch und Myrrhe brachten. Es kamen also die Kinder mit ihren Geschirrtüchern über dem Kopf und stellten ihre Geschenke hin. Der erste Junge sagte: ‚Ich bringe dir Gold.' Der zweite sagte: ‚Ich bringe dir Myrrhe.' Und der dritte sagte: ‚Frank hat das geschickt.' Ich will nicht sagen, etwas falsch zu machen bedeutet kreativ zu sein. Wir wissen aber, wer nicht bereit ist einen Fehler zu machen, wird nie etwas wirklich Originelles schaffen."[63]

Wie geht das in der Schule? Es muss den SuS erlaubt sein, über ein Problem nachzudenken und verschiedene Lösungen zu präsentieren. Es muss Zeit dafür sein, die passende Lösung auszuwählen und zu erklären. Dieses Vorgehen wird in den meisten Fällen aus Zeitmangel scheitern. „Wir müssen unseren Stoff durchbringen", heißt die lapidare Antwort auf solche Versuche.

Auf der anderen Seite sind sich Wissenschaftler, Zukunftsforscher und sogar Lehrer darin einig, dass in der Zukunft (z.B. der Digitalisierung) kreative Prozesse immer wichtiger werden. Die Fähigkeit, Bestehendes zu verändern, gestalterisch zu wirken und neue Lösungen zu präsentieren, lässt sich mit eingefahrenem Denken nicht mehr fördern. Bewährtes Denken und „alte" Handlungsmuster lassen sich in der schnell veränderten Welt nicht in Einklang mit Schnelllebigkeit und dramatischen Veränderungen (Klimawandel, Naturkatastrophen, Verkehrschaos

---

[63] Ken Robinson: https://www.ted.com/talks/ken_robinson_says_schools_kill_creativity?language=de

usw.) bringen. Es gilt schließlich, die Probleme der Gegenwart zu lösen, die Zukunft lebenswert zu machen, friedvollen Umgang miteinander zu finden und unser eigenes Leben in Einklang mit den Anderen zu bringen.

Was könnte sich da besser eignen als die Schule?

Nachhaltig

Nachhaltig und rücksichtsvoll zu handeln ist also nicht nur gut für die Umwelt, Mitmenschen und auch Tiere, sondern macht einen selbst glücklich und zufrieden (Wastelandrebel.com).

Weniger Putz- u. Reinigungsmittel verwenden, scheint sinnvoll zu sein, denn lt. einer Studie des Umweltbundesamtes verbrauchen Privathaushalte in Deutschland pro Jahr 480 000 Tonnen! Dazu verbrauchen wir durchschnittlich 4 kg Wäsche pro Person und Woche. Das macht 600 000 Tonnen Waschmittel und 220 000 Weichspüler. Hinzu kommen ca. 5,6 Milliarden Kilowattstunden Strom sowie etwa 450 Millionen Kubikmeter Wasser.

Bei all diesen Zahlenkonstrukten scheint es einfach zu sein, Argumente für oder gegen eine Maßnahme zu finden.

Heutzutage werden Ökologie (Klimaschutz), Ökonomie (Wirtschaft) und Soziales (bessere Bildung, Armutsbekämpfung) als Grundpfeiler der Nachhaltigkeit angesehen. Der dritte Pfeiler, das Soziale, beinhaltet die schulische Bildung, also den Bereich, um den wir uns kümmern sollen. Gibt es auch hier nachhaltiges Handeln oder basiert Bildung und Erziehung auf anderen Prinzipien?

In schulischen Angelegenheiten gibt es auch Zahlen, die Entwicklungen oder Veränderungen aufzeigen. Allerdings sind hier Zweifel angebracht, ob diese Zahlen im wirklichen Leben ankommen. Als Beispiel nenne ich den aktuellen Lehrermangel. Schülerentwicklungen lassen sich eigentlich leicht von den Geburtenraten ableiten und auf deren Grundlage den LehrerInnenbedarf errechnen. Aber allerseits wird von einem Planungsversagen gesprochen. Die Gründe, warum angeblich die Versorgung nicht gewährleistet werden kann, sind vielfältig (Pensionierungswelle, mehr Kinder durch Zuwanderung u. Flüchtlinge usw.) und verschleiern nur das Problem: Es gibt zu wenig LehrerInnen!

Die Merkmale nachhaltiger Schulentwicklung[64]: Diese Schulen übernehmen Verantwortung für eine nachhaltige Zukunft, greifen gesellschaftliche, technische ... Entwicklungen auf, werden mit Vision und Engagement geführt und mittels Prozessen gelenkt, fördern das Engagement und die Kompetenzen ihrer Mitarbeiter, ... sind lernende Lehr- und Lernorte.

In der Schrift „Bildung, Nachhaltigkeit und Schule“[65] heißt es: „Nachhaltigkeit kann man lernen – in formalen Bildungseinrichtungen, an außerschulischen Lernorten und in informellen Alltagssituationen. Dabei kommt jedoch dem formalen Bildungssystem und insbesondere der Schule eine besondere Bedeutung zu, da diese Bildungseinrichtung die größte Reichweite hat und damit eben die Generationen umfasst, die für das Verständnis und die Umsetzung nachhaltiger Entwicklung in Zukunft entscheidend ist. (...) Die UNESCO hat dafür das Weltaktionsprogramm ‚Bildung für nachhaltige Entwicklung‘ ausgerufen (2015-2019) (...), für eine Welt in der alle von Bildung profitieren können und die Werte, Verhaltensweisen und Lebensstile erlernen, die für eine nachhaltige Zukunft und für eine positive gesellschaftliche Transformation nötig sind.“

---

64 Institut für nachhaltige Berufsbildung u. Management-Service GmbH, Dr. K.-D. Mertineit

65 Ministerium für Kultus u. Sport BW

„Nachhaltigkeit ist ein Handlungsprinzip zur Ressourcennutzung, bei dem eine dauerhafte Bedürfnisbefriedigung durch die Bewahrung der natürlichen Regenerationsfähigkeit der beteiligten Systeme gewährleistet werden soll."[66]

Es ist obligatorisch, dass Lehr- und Lernpläne in Schulen aller Arten auf Nachhaltigkeit hinweisen. Eine Frage könnte lauten: Gelingt es in unseren Lernschulen, dies auch schülergerecht umzusetzen und die Schülerschaft mit einzubeziehen?

Durch die dauerhaften Hinweise der „Fridays for Future"-Bewegung[67] haben auch Schulen verstärkt auf nachhaltige Entwicklungen hingewiesen. In Projekttagen oder Projektwochen wurden Themen aller Art aufgegriffen und bearbeitet. Oft werden diese Tage von LehrerInnen vorbereitet und vorbestimmt. Was die SchülerInnen „produzieren", sind die vorgefertigten Titel und gewünschten Inhalte der Lehrerschaft. Die großen Ziele werden am Präsentationstag schön vorgetragen und damit hat es sich? Da die Proteste von „Fridays for Future" während des Unterrichts stattfinden, wird es tunlichst vermieden, diese Möglichkeit zu erwägen. In den Schulämtern wird darauf hingewiesen, dass fehlende SchülerInnen zu sanktionieren seien, anstatt die Chance für handlungsleitendes Lernen zu nutzen und MIT den SchülerInnen hinaus zu gehen und zu protestieren. Dies könnte auch eine Chance für die SMV (Schülermitverantwortung) sein, Themen mitzubestimmen und darüber zu diskutieren, wie zu verfahren sei. Es geht ja nicht darum, jeden Freitag auf die Straße zu gehen, sondern darum, SuS zu selbstbestimmten

---

[66] Wikipedia: Nachhaltigkeit

[67] Greta Thunberg: Sie initiierte Schulstreiks für das Klima, diese sind inzwischen zu einer globalen Bewegung geworden – Fridays for Future (FFF)

Jugendlichen auszubilden, die in der Lage sind, die Konsequenzen ihres Tuns zu überschauen. Darüber hinaus werden sie eine Menge über sich und andere erfahren, weil Handeln im realen Kontext weit über die „normalen" Lernziele im Unterricht hinausgehen kann.

In einer Gemeinschaftsschule fand auf dem Schulhof eine große Abschlussveranstaltung aller SchülerInnne statt. Es ging um Nachhaltigkeit und Prävention, um den Klimawandel zu stoppen. Alle Schülergruppen trugen ihre vielfältigen Ergebnisse vor. Manche waren sogar stolz auf ihre Präsentation. Dies alles geschah, währenddessen keine zwei Straßen weiter der Demonstrationszug von „Fridays for Future" vorbeizog. Alles richtig gemacht?

In Zeiten von Lehrermangel und Umbrüchen in der Schullandschaft (Gemeinschaftsschule, Inklusion etc.) sind die meisten LehrerInnen überfordert, zumal sie im engen Korsett von Vorschriften und erwarteten Leistungen in ihrer jeweiligen Schule kaum die Zeit UND den Mut haben, andere Wege zu gehen. Das würde ja bedeuten, dass sie die sogenannten wichtigen Inhalte vom Bildungsplan modifizieren, um den SuS mehr Raum für selbstgesteuerte Lernprozesse zu ermöglichen. LuL stoßen da schnell an ihre Grenzen, weil „Abweichler" auch von den eigenen KollegInnen abgestraft werden. In den Parallelklassen wird Wert daraufgelegt, dass im Gleichschritt Inhalte und Lernnachweise vermittelt und abverlangt werden. Das kann sinnvoll sein, widerspricht aber auch den Forderungen nach Individualität und der Anpassung an Lerntempi der SuS.

Egal, von welcher Seite man es sieht: Schulisches Lernen beruht meist auf kurzfristigem Abfragen der Lerninhalte. Synergien und Nachhaltigkeit sind in diesem Zusammenhang fremde Objekte, die in Schulen kaum vermittelt werden. Durch die vielfältige Medienlandschaft erschließt sich vielen SuS eine neue Welt. In dieser Welt können sie sich als handelnde Subjekte begreifen, die sie verändern können/wollen. Im Sinne von Nachhaltigkeit ist „Fridays for Future" ein wichtiger Baustein für die Entwicklung von Jugendlichen geworden.

Träum weiter

Die Architektur

Mein letztes Klassenzimmer lag im 3. Stockwerk eines Jahrhundertwendebaus, also um 1900 gebaut. Die Klassenzimmer waren für strukturiertes Lernen im Gleichschritt gebaut worden. Die Kaiserzeit hinterlässt ihre Spuren, Disziplin, Sauberkeit und Gehorsam wurden großgeschrieben. Die Ziffernnoten werden eingeführt. Das Schulhaus beeindruckt bis heute. Das mächtige Gebäude ist in das Stadtbild eingepasst. Manchmal beschleicht mich das Gefühl, dass sich weder Unterricht noch Inhalte von damals entscheidend verändert haben.

Nach dem Krieg ließ man mehr Licht und Luft in die Räume. Es wurde deutlich, dass man sich von den preußischen Erziehungszielen auch baulich entfernen wollte. Leider waren Schulbauten Mangelware, da der Krieg auch in baulicher Hinsicht seine Spuren hinterlassen hatte. Viele Schulbauten wurden vor allem in den 70er Jahren schnell erstellt. Man ging davon aus, dass diese nach der Jahrtausendwende nicht mehr gebraucht werden. Das stellte sich als Irrtum heraus, trotzdem mussten viele Schulen wegen erheblicher Baumängel abgerissen werden. Bei Neubauten heutzutage werden verschiedene Professionen mit einbezogen. Oft diktiert aber der Rotstift die Ausführung. Von idealtypischen Vorstellungen, die Ästhetik, Lernkultur, Nachhaltigkeit und kindgerechtes Bauen einschließen, sind die meisten Bauten, auch heute noch, weit entfernt.

„In den Lernlandschaften haben die Räume keine Türen mehr, verwinkelte Eingänge sorgen dafür, dass der Schall von innen und außen sich dort fängt und die Lärmbelastung geringgehalten wird. In den Klassenräumen können die Tische flexibel aufgestellt werden. Das Arbeitsmaterial lagert nicht nur dort, sondern vor allem im offenen Raum zwischen den vier Klassenräumen. In den Nischen stehen Regale für Bücher, Arbeitsblätter und Schautafeln, die die Schule extra von Handwerkern hat anfertigen lassen. Über 800 Schülerinnen und Schüler lernen am A-E-G. Die Veränderungen der Lern- und Unterrichtskultur gingen sukzessive vonstatten. ‚Wir sind erst mal nur mit den 5. Klassen gestartet und mit Kolleginnen und Kollegen, die Lust hatten, etwas Neues anzupacken', erinnert sich Christian Heinz. ‚Das war genau der richtige Weg. Denn so sprach sich herum, wie gut das Arbeiten in der Lernlandschaft funktionierte. Wenn wir alle Jahrgangsstufen auf einmal umgestellt hätten, hätten wir uns alle überfordert.'"[68]

„Die Räume unterstützen ein dynamisches pädagogisches Konzept. Sie sind in einem hohen Maße inszenierbar und können entsprechend den jeweiligen pädagogischen Notwendigkeiten bespielt werden. Die Architektur sichert Räume für überschaubare Lerngemeinschaften. Einzel-, Gruppen- und Gemeinschaftsaktivitäten finden die notwendigen Räume (...)."[69]

---

[68] Albrecht-Ernst-Gymnasium Oettingen, Bayern

[69] Prof. Dr. Alfred Holzbrecher PH-FR 13.06.2012: Der Raum als „dritter Pädagoge". Schularchitektur und Lernkultur

Die Idee

Beim Deutschen Schulpreis werden sechs Qualitätsmerkmale zugrunde gelegt:
Leistung - Umgang mit Vielfalt - Unterrichtsqualität - Verantwortung - Schulklima, Schulleben und außerschulische Partner – Schule als lernende Institution.

Wenn man diese Merkmale hinterfragt, auswertet (evaluiert) und auf konzeptionelles Handeln überprüft, stellt man sehr schnell fest, inwieweit die Kriterien für „gute Schule" eingehalten werden. Deutschlands beste Schulen machen das!

Berühmte Pädagogen beeinflussten schulisches Lehren und Lernen bis heute. Ihr Einsatz, ihre Forschung und ihr Wille, sich in den Dienst von Bildung und Erziehung zu stellen, wird in der Ausbildung von LehrerInnen nicht ausgespart: Paulo Freire (1921– 1997), Maria Montessori (1870–1952), Helene Lange (1848–1930), Auguste Schmidt (1833–1902), Johann Heinrich Pestalozzi (1746–1827), Ruth Cohn (1912–2010), Célestin Freinet (1896–1966), Jean Piaget (1896–1980) u.v.a. beeinflussen unser Tun allerdings nur begrenzt oder tendenziell. Das liegt meist nicht daran, dass deren Konzepte und Ideen nicht umsetzbar sind, es sind die Vorschriften und Lernziele, die dies nicht zulassen. Und es sind die persönlichkeitsbildenden Ideale, die im Lernapparat Schule nicht immer den entsprechenden Anklang finden.

Schülerinnen und Schüler sollen befähigt werden, in der Welt zu bestehen. Schule soll mehr sein als Theorie. Soziales Lernen und die Vermittlung von Inhalten haben gleiche Bedeutung. Die Schule benachteiligt niemanden, erlaubt individuelles Lernen und begünstigt Teamarbeit.

Toleranz, Verantwortungsbewusstsein und Mitgefühl machen nachhaltiges Denken und Lernen zu wesentlichen Bildungszielen. Selbsterfahrung und außerschulisches Lernen ist willkommen, ebenso begleitende Helfer von außerhalb. Engagierte Lehrkräfte können in einem professionellen Umfeld die Unterrichtsqualität steigern.

Träumt weiter?

Schulen sind großartige Orte …

Schulen sind großartige Orte, weil Kinder und Erwachsene in einer Art miteinander in Kontakt kommen, wie eigentlich nie im Privaten oder sonst. Wo z.B. kann man in Projektwochen oder wie in meiner Schule an Teamtagen (hier treten SuS und LuL miteinander in Kontakt, indem klassenübergreifende Gruppen zusammen Aufgaben bewältigen müssen), Kinder, Jugendliche und Erwachsene in gelöster Atmosphäre vorfinden. Das geht ohne den üblichen Leistungsdruck und doch mit hoher Leistungsbereitschaft, es werden Kinder in gruppendynamische Prozesse integriert, weil jeder wichtig ist, und die Gruppe sich keine Außenseiter erlauben kann. Dieses Gefüge kommt nicht von heute auf morgen, sondern muss in sozialen Trainings immer wieder eingeübt werden. Andernfalls agieren die Gruppen fragil und gehen ohne wirklichen „Spirit" die entsprechende Aufgabe zusammen an.

Schulen sind großartige Orte. Sowohl in meiner Zeit als SMV-Lehrer als auch in anderen Zeiten sind die Kinder und Jugendlichen dankbar, wenn du ein offenes Ohr hast. Das schafft Nähe und Vertrauen. Manchmal ist es ein zu viel des Guten, wenn du nur noch Klagen über dieses und jenen anhören musst. Allerdings verstehen die Kids sehr schnell, dass du nicht nur als Klagemauer in der Schule bist, sondern vor allen Dingen dazu da bist, zusammen mit ihnen nach Lösungen zu suchen.

Schulen sind großartige Orte, wenn du einmal erlebt hast, wie eine ganze Schule (die in diesem Falle nicht zu groß sein darf) in der Turnhalle versucht, die gelben Luftballons in die hintere rechte Ecke zu bugsieren und die roten Luftballons in die vordere linke Ecke usw., dann kannst du eine Vorstellung davon entwickeln, was es bedeutet, miteinander zu lernen, zu kämpfen und zu spielen. Diese Begeisterung, zusammen etwas zu schaffen, hilft ein soziales Gefüge zu entwickeln, in dem Aggression und Ausgrenzung keine Chance haben.

Schulen sind großartige Orte, weil du im Landheim im gemeinsamen Erleben (z.B. eine gemeinsame anstrengende Wanderung) die Klassengemeinschaft stärken kannst, und die Kids danach überzeugt sind, dass sie in der besten Klasse der Schule gelandet sind. Mit den problematischen Kindern kommst du in engen Kontakt, d.h., du benötigst nicht die üblichen Sanktionen (immer mehr davon), sondern bist in der Lage, über mehrere Tage Beziehungen aufzubauen und/oder zu verstärken. Du lernst deinen Problemschüler von einer Seite kennen, die dir bisher unbekannt war. Und das Beste, umgekehrt verhält es sich genauso.

Schulen sind großartige Orte, weil du SuS erleben darfst, die leistungsbereit sind, sich kreative Gedanken machen, motiviert in den Unterricht kommen und mit ihrer Begeisterung andere anstecken.

Schulen sind großartige Orte, weil du erleben kannst, wie sich Kinder und Jugendliche entwickeln, und du überrascht sein darfst, dass sich Dinge meistens zum Guten wenden. Bei einem speziellen Fall wurde ein Kind aus der Grundschule bei mir und den Neunern „geparkt“, d.h., immer, wenn Unterricht mit ihm nicht mehr möglich wurde, sollte er zu mir und Aufgaben erledigen, damit er wieder zurück darf. Das gestaltete sich anfangs sehr schwierig, weil er stets unter die Tische kroch und nicht zu bewegen war, hervor zu kommen. Wir ließen ihn gewähren, wenn er nichts beschädigte. Mit der Zeit kam er unter dem Tisch hervor und setzte sich nach Wochen (oder waren es Monate?) an einen freien Tisch. Von da an musste er nicht abgeholt werden, er kam, wenn es mal wieder notwendig wurde, freiwillig. Diese Maßnahme wurde irgendwann nicht mehr notwendig. Jahre später erzählte der Junge, wie interessant er den „Unterricht“ damals fand. Er konnte sogar Inhalte aus dieser Zeit gut beschreiben. Der Junge hatte ein Autismus-Spektrum-Syndrom.

Schulen sind großartige Orte, weil Kinder sich jenseits ihres Elternhauses eine eigene Welt schaffen können, mit Kontakten zu anderen, mit anderen Verhaltensweisen und mit der Chance, den Ärger daheim einfach zu vergessen.

Schulen könnten großartige Orte sein, wenn all diese Dinge in einem Kontinuum geschehen würden, das es SuS und LuL erlaubt, auf die Schulkultur zurückzugreifen, in der all diese Dinge stattfinden. LuL sind großartige Menschen, die mit Ideen und Spirit die Schulkultur ständig positiv bereichern. Diese Sisyphusarbeit wird leider meistens nicht in der Weise honoriert, die Veränderungen der Schulkultur begünstigen oder die Lehrkraft unterstützen würden. In der Regel werden Lehrkräfte belobigt (!!) und ermutigt (!!), so weiter zu machen. Die Klammer habe ich in diesem Falle gesetzt, weil verbale Beurteilungen in den wenigsten Fällen zu spürbaren Unterstützungen führen (Sachmittel, Deputatsermäßigung u.ä.), im Gegenteil sind diese KollegInnen mit Mehrarbeit und hohem Aufwand allein gelassen. Zum Beispiel hat eine Kollegin eine Hip-Hop-Tanzgruppe geleitet und die TeilnehmerInnen zu einigen öffentlichen Auftritten begleitet. Alle wollten dieses Projekt auch weiterhin haben. Als die Kollegin die Arbeit aus Zeitgründen nicht mehr machen wollte, „starb“ auch dieses Projekt. Symptomatisch für viele Arbeiten, die in der Schule initiiert werden und nach geringen Zeiten nicht mehr weitergeführt werden. Es fehlen der Wille und die Haltung, sich für als wesentlich erachtete Projekte längerfristig zu entscheiden und auch personell entsprechend zu besetzen und entsprechend zu unterstützen.

Woran liegt das?

In wenigen Fällen gelingt es Schulen, über die eigene Schultür hinaus mit anderen Schulen zusammenzuarbeiten. In den Theater- oder Zirkusprojekten könnten Synergieeffekte entstehen, die gewinnbringend für alle sind (Deputatsstunden, optimale Lern- u. Aufführungsorte, Ideenpool usw.). Außerdem könnte so der Bestand über den Einsatz von Einzelnen hinaus gewahrt werden. Die Kinder lernen mit anderen zu kooperieren, dadurch entstehen außerschulische Lernfelder, die die pädagogische Arbeit bereichern können. In seltenen Fällen arbeiten Schulen wirklich zusammen.

Woran liegt das?

In den meisten Fällen arbeiten Schulen autonom für sich. Vorzeigeprojekte werden über Gebühr unterstützt und gefördert. Dafür müssen andere Projekte, die z.B. die Schulleitung nicht so gut finden, hintenanstehen. Das heißt, die entsprechenden KollegInnen müssen durch Mehrarbeit Ausgleich schaffen für ihre gutgemeinten Ideen. Ein allgemeiner Konsens, welche Projekte gefördert und unterstützt werden sollen, wird in den wenigsten Fällen hergestellt.

Woran liegt das?

Viele Schulen sind bestrebt, sich mit Etiketten zu schmücken: Schule ohne Rassismus (europäische Jugendinitiative, Selbstverpflichtung der Schulen: „Ich werde mich dafür einsetzen, dass es zu einer zentralen

Aufgabe meiner Schule wird, nachhaltige und langfristige Projekte, Aktivitäten und Initiativen zu entwickeln, um Diskriminierungen, ins besonders Rassismus zu überwinden.“); MINT-Schulen (Mathematik, Informatik, Naturwissenschaften u. Technik): Hier wird versucht durch die Hervorhebung der technischen Ausbildung ihrer SuS, die Schule attraktiver zu machen. Und so weiter. In den wenigsten Fällen werden Schulen ihrer selbst auferlegten Verpflichtungen gerecht. Die Mitglieder der entsprechenden Schulen werden evtl. heftig widersprechen, weil sie an die immer wieder vorgetragene angenommene Stärke irgendwann selbst glauben. Wenn man die Kriterien abfragt, stellt man sehr schnell fest, dass sie keiner Prüfung standhalten.

Woran liegt das?

Heutzutage bringen schon Erstklässler ihre Federmäppchen fehlerhaft mit in die Schule. Es fehlen Stifte, Radiergummi u.a. Viele können sich nicht einmal die Schuhe binden. Die Kinder streiten, raufen und schreien in einem Maße, dass viele KollegInnen von einem gesundheitsgefährdenden Arbeitsplatz reden. Eltern sollten sich mehr um ihre Kinder kümmern, mit ihnen spielen, auch mal rausgehen und ihnen die Regeln des Zusammenlebens beibringen, z.B. bitte und danke zu sagen. All dies ist eigentlich Aufgabe der Eltern, und trotzdem geschieht das nicht in dem Maße, wie LuL sich das wünschen würden. Das Lamento in den Schulen ist groß, aber was ist eigentlich die Konsequenz daraus? Es sind wieder die Lehrkräfte, die Essen und Trinken besorgen, die sich mehr um die Verhaltensproblematik kümmern und die am Ende wieder die Dummen sind: Weil sie mit dem „Stoff“ nicht hinterherkommen und den Unmut von KollegInnen und Schulleitung auf sich ziehen.
Woran liegt das?

Bereits bei Jugendlichen und Kindern nehmen physische und psychische Problem in einem Maße zu, die eigentlich für Daueralarm in Schulen sorgen müssten. SuS werden vor allem auf Leistung optimiert, Kreativität und Ideenreichtum fallen meist unter den Tisch. Persönlichkeit fördern und ausbilden steht auf jedem Lehrplan und ist dennoch ein Stiefkind, weil es immer nebenher gelehrt und gelernt werden soll. Die Bereiche Theater, Sport, Musik, Kunst werden im Notfall (z.B. bei LuL-Mangel) zusammengestrichen oder ganz unter den Tisch fallen gelassen. Die Befindlichkeiten von Kindern interessieren reichlich wenig, wo kämen wir dahin, wenn wir auf jedes Kinkerlitzchen Rücksicht nehmen würden?

Woran liegt das?

„Ist ein Schüler aus zwingenden Gründen (z.B. Krankheit) am Schulbesuch verhindert, ist dies der Schule unter Angabe des Grundes und der voraussichtlichen Dauer der Verhinderung unverzüglich mitzuteilen.“[70] Die meisten Schulen bestehen darauf, am ersten Fehltag informiert zu werden (telefonisch). Kommt der Schüler wieder in die Schule, soll eine schriftliche Entschuldigung folgen. Dabei kommt es zu kuriosen Schreiben der Eltern oder der Kinder selbst (auf einem Schmierblatt in kurzen Worten, dazu fehlerhaft, aber mit krakeliger Unterschrift). Noch kurioser sind die „Krankschreibungen“ durch Ärzte. Es gibt Kinder, die ständig wegen Schnupfen, Kopf- oder Leibschmerzen die Schule versäumen. Es ist allen Beteiligten klar, dass die Bestätigungen der Ärzte so nicht sein können. Trotzdem werden Unterschriften oder Bestätigungen der Ärzte akzeptiert, und die Kinder und Jugendlichen bekommen einen

---

[70] Schulbesuchsverordnung Baden-Württemberg (BW)

Freischein für ihr Fehlen in der Schule. Niemand unternimmt etwas dagegen.

Woran liegt das?

Der Computerunterricht der SuS ist vielfältig, inspirierend, erkenntnisreich oder auch langweilig. Je nachdem, welche Lehrkraft unterrichtet, nimmt der Unterricht seinen Lauf. Die einen lassen ihre SchülerInnen ständig über irgendwelche Themen recherchieren, die anderen lassen die Kinder ständig spielen oder lassen Onlineaufgaben aus dem Internet bearbeiten. Wenn die LuL Glück haben, sind auf dem Schulnetzwerk Lernprogramme installiert, die den Kindern Möglichkeiten der Bearbeitung bieten. Noch besser sind die dran, die in sogenannten iPad-Klassen ihre Rechner als ständige Begleiter neben sich am Arbeitsplatz haben, aber das sind die Wenigsten, weil Apple-Experten immer noch rar sind. Meistens liegt all diesem Tun kein Plan oder System zugrunde, nach dem systematisches Lernen und Arbeiten möglich wäre. Es ist also dem Zufall oder dem Kenntnisstand der LehrerInnen überlassen, wie und was die Kinder lernen. Manche Klassen kommen dadurch sehr selten mit Computerunterricht in Berührung.

Woran liegt das?

Diese Liste der „Missing Links"[71] könnte fortgesetzt werden. Woran liegt es, wenn Schulen Ihr Handeln nicht koordiniert, längerfristig und konzeptionell ausrichten können oder zumindest nur in Ansätzen das vertreten, was in ihren Konzepten so schön formuliert ist?

---

[71] Missing Link: Biologie - Fehlende Verbindung, eine noch unentdeckte Übergangsform. **Hier:** Fehlende Begründung für negative Entwicklungen an Schulen

Versuch einer Erklärung

In der Geschichte der Schule (Ursprungsbedeutung „Müßiggang", später „Studium, Vorlesung") wurden zunächst Wissen und Können durch Lehrer vermittelt. Ab dem 5. Jahrhundert etablierte sich die Kirche als Bildungsträger.[72] Dort wurden Mönche und Nonnen ausgebildet bzw. junge Adlige auf Vordermann gebracht. Erst im 13. Jahrhundert gab es weltliche Lehrer, die in ihre Methoden Grausamkeiten und Brutalitäten einbauten. Zu Beginn des 19. Jahrhundert bewegte sich die Erziehung und Pädagogik auf das Kind zu, und die Schulpflicht wurde eingeführt. In der damaligen DDR und der BRD entstanden unterschiedliche Systeme, hier die Einheitsschule und dort ein föderales System, das bis heute in Zweifel gezogen wird. Änderungen in der Ausrichtung gehen unendlich lange, wenn kein einheitlicher Wille die Veränderung prägt. Zum Beispiel wird das „Einheitsabitur" seit Jahrzehnten in Zeiten des Wahlkampfs von Parteien gefordert. Geschehen ist seither wegen der zum Teil widersprüchlichen Ziele der Bundesländer wenig.

Ausbildung zu Einzelkämpfern ist in der Schule keine Seltenheit. Das „Überleben" im Klassenzimmer generiert Menschen, die es gewohnt sind, sich allein durchzusetzen. Teamarbeit wird großgeschrieben, weil jeder weiß, wie wichtig es ist, mit anderen zusammen an einer gemeinsamen Zielerreichung zu arbeiten. Dazu gehört soziale Kompetenz, über die wir LuL gerne vor den SuS referieren. In der Praxis gehört Teamarbeit zu dem Schwierigsten, was es im Lehrerberuf gibt. Es wird so getan,

[72] Wikipedia: Schulgeschichte (Deutschland)

als arbeiten fast alle im Team. Schulleitungen sprechen gerne von ihrem Team, LehrerInnen von ihrer Teamarbeit mit KollegInnen, nur weil sie einmal mit anderen zusammen etwas ausarbeiten. Dabei setzt schon der Austausch von Argumenten eine hohe sachliche Kompetenz voraus, weil Konflikte und Missverständnisse die Auseinandersetzung prägen. LehrerInnen sehen Kritik schnell als Angriff auf ihre Person an, damit wird die eigene Wahrnehmung schnell zum Maß aller Dinge, und die Teamfähigkeit bleibt als erstes auf der Strecke.

Fehlende Leitungskompetenz der Schulleitung machen eine Schule schnell zu einem lahmen Tanker, der in die richtige Richtung fährt, aber überladen und schwerfällig bei jedem Sturm in Gefahr ist zu kentern. Die Rollenerwartungen in Schulleitungen sind groß (gesetzlicher Auftrag, Verwaltung, pädagogische Linie, Öffentlichkeitsarbeit, Entscheidungen usw.). Da es keine Ausbildungsstätten für Schulleiter gibt, werden die unterschiedlichsten Charaktere und Personen in leitende Positionen befördert. Genau so unterschiedlich sind die Führungsstile und die unzureichenden Kompetenzen der Rektoren. Also sind die meisten Schulleitungen auf ihre Außenwirkung bedacht und auf die Präferenz ihrer eigenen Vorlieben. Das ist einer gemeinsam getragenen Schulkultur abträglich, weil es im Schuluniversum nicht um die Vorlieben Einzelner geht, sondern um die Entwicklung des Ganzen.

Kurzfristiges Handeln zahlt sich aus. Die Belobigung erfolgt sofort und der „Erfolg" wird von allen zur Kenntnis genommen. Langfristige Projekte benötigen einen langen Atem, viel Einsatz und die Gewissheit, dass ständig an diesem Projekt weitergearbeitet wird. Wer möchte das schon? Es fällt in den Kollegien schwer, eine Sache reflektiert zu beenden und eine neue anzufangen. Meist lässt man etwas auslaufen und beginnt etwas Neues. Die Verlässlichkeit ist ein großes Problem, weil jeder etwas so interpretiert wie er/sie es möchte. „Aber ich habe gedacht ...“, ist eine oft gehörte Aussage im LehrerInnenleben. Selbst einfache Regelungen, wie z.B. ein Handyverbot für ALLE, werden unterschiedlich ausgelegt und interpretiert. Bei SchülerInnen, denen ich verbot, im Unterricht Kaugummi zu kauen (das wurde im Kollegium so beschlossen), wurde ich belehrt, dass Kaugummi das Denken anrege und schließlich auch für die Mundhygiene wichtig sei! In ihrem Klassenunterricht sei das Kauen erlaubt! Das macht die Durchsetzung von Regeln oder Abmachungen für alle Beteiligten ziemlich schwer (unabhängig vom Sinn und Unsinn von Regeln).

Wie soll bei dieser Komplexität ein Schulklima zustande kommen, das im Sinne aller Beteiligten dynamische Strukturen zulässt, in denen jeder sich wohlfühlt und engagiert zu einer positiv ausgerichteten Schulkultur beiträgt?

Abgesang

Grauer Regen fiel zur Nacht
Als sie dich nach Hause trugen
Dass du nicht mehr aufgewacht
Bringt die Welt nicht aus den Fugen
Macht nichts, dass kein Blumenhaufen
Auf dich ausgeschüttet ist
Könntest dafür doch nichts kaufen
Wenn du erst da unten bist …[73]

„Jeden Morgen, wenn ich meinen Sohn in die Schule schicke, ahne ich, dass er das meiste von dem, was im Unterricht zur Rede kommt, am Nachmittag wieder vergessen hat. Nicht weil er sich dies vornimmt oder sich wenig merken kann. Es ist einfach zu viel, was er in kurzer Zeit aufnehmen, bewerten und einordnen soll. Dazu kommt die Angst, ein vorab in einem Lehrplan festgelegtes Problem in einer nicht von ihm bestimmten Zeit einer Prüfung unterziehen zu müssen."

„… Wir leben in einer spannenden Zeit. Umbruch und Aufbruch allerorten. Die Welt ist in Bewegung. Doch Deutschlands Schüler hocken den ganzen Tag auf ihren Stühlen. Jede Stunde ein neues Thema, jede Woche ein neuer Test. Einmal im Jahr ist Wandertag, sonst haben sie still zu sitzen …"[74]

[73] Reinhard Mey, „Abgesang", 1970
[74] Ein Plädoyer von stern-Reporter Uli Hauser: Schule ist Energieverschwendung

„Beziehungsweise“

Die Abgründe menschlicher Eigenschaften graben sich manchmal tief in die Beziehungen zwischen LehrerInnen.

Bei dem einen rufen deine Äußerungen tiefen Missmut hervor, weil er in dir Dinge entdeckt, die in vergangenen familiären Verstrickungen negative Reaktionen auslösten. Dies könnte man Übertragung nennen. Das heißt laut Wikipedia, dass man oftmals verdrängte Gefühle, Affekte, Erwartungen (insbesondere Rollenerwartungen), Wünsche und Befürchtungen aus der Kindheit unbewusst auf neue soziale Beziehungen *überträgt* und sie reaktiviert werden.

Bei anderen KollegInnen hast du aus ähnlichen Beweggründen einen Vertrauensvorschuss, weil deine „Art“ sie berührt, und du von Anfang an deswegen mit ihnen besser klarkommst.

Wie kann man mit diesen Situationen umgehen, zumal diese sich in ähnlicher Weise in der Arbeit mit Kindern zeigen. Zum Beispiel bin ich als Mann öfter in die Vaterrolle gedrängt worden, weil Kinder und Jugendliche sich gerne „reiben“. Dies kann in positiver und in negativer Weise geschehen. Der „gute Vater“ wird überhöht, angehimmelt oder sogar verehrt. Dies kann sehr anstrengend sein, weil die Kinder immer neue Beweise für ihr Handeln einfordern. Bei der negativen Auslegung wird der Lehrer öfter mit der Aussage konfrontiert: „Sie sind nicht mein Vater!“ Beziehungsarbeit wird nicht gelehrt, es wird aber erwartet, dass du dich als LehrerIn korrekt verhältst.

In der Psychoanalyse wird auf die Bedeutung der Gegenübertragung hingewiesen. Es handelt sich um die Gefahr, dass oben geschilderte

Reaktionen unverhältnismäßig beantwortet werden, z.B. wenn der Lehrer auf nicht erwartete Schülerreaktionen (SuS verhalten sich abweisend gegen LuL) beleidigt reagiert, oder wenn Bewertungen von Lehrerkollegen falsch interpretiert werden.

Es ist die neue Befindlichkeit (Zustand des individuellen Fühlens), die solche Reaktionen auslöst. Die emotionale Sensibilisierung lässt uns Emotionen zunächst als gut und notwendig erfahren, verhindern aber bei emotional geführten Diskussionen oft das „Weitermachen“. Das heißt, die daraus resultierenden Gefühle wie Angst, Trauer und Wut verhindern eine unvoreingenommene Weiterführung der Diskussion. Die Ambiguitätstoleranz[75] ist meist nicht gut ausgebildet, und das sonst fruchtbare Streitgespräch versandet in Unwohlsein, Ablehnung und Aggressivität.

Unterrichten: Undsoweiterundsofort ...

„Ich werde zur Legende, ja, so wie Buffon (Wie Buffon)
Meine Kleidung Gucci oder auch Louis Vuitton (V-Vuitton)
Lila, gelbe, grüne Farben, bis die Mio kommt (Mio)
Doch eine Mio ist kein Ende, bring mir mehr davon“ (Mero, Rapper)

Die Schulentwicklung geht immer weiter und vergisst ihre Kinder. Schule hängt immer noch zu sehr an herkömmlichen Vermittlungsmodellen. Zum Beispiel verrät uns die Auflistung von Erziehungszielen einiges über die Intention von Eltern, Erziehern und Lehrern:

---

[75] Die **Ambiguitätstoleranz** bezieht sich darauf, das Spannungsverhältnis zwischen den unvereinbaren Mehrdeutigkeiten und Gegensätzen „auszuhalten“ und eine Interaktion trotz allem wohlwollend fortführen zu können, ohne sich dabei unwohl zu fühlen oder aggressiv zu reagieren (vgl. Reis 1997, Krappmann 2000).

Verantwortungsgefühl, Kontaktfähigkeit, gutes Benehmen, Ordnungsliebe und Fleiß, Selbstständigkeit, Toleranz usw. Die Ziele verändern sich seit Jahrzehnten nicht mehr. Diese bilden auch den Wunsch ab, dass alles gut werde, und wir immer nur an dem, was wir wünschen, festhalten müssen. Was bleibt, ist die unterschiedliche Vermittlung. Inwieweit werden die Erzieher den geänderten gesellschaftlichen Bedingungen gerecht, in denen Pluralität und Wertunsicherheit vorherrschen? Das Lamento über die verdorbene Jugend ist lang und reicht bis in die Frühgeschichte der Menschheit (ca. 2000 v.Chr.) zurück. Was muss nicht alles herhalten, damit wir begründen können, warum vieles schief läuft?

Ulf Mühlhausen[76] schreibt im Klappentext zu seinem Buch: „Überraschungen im Unterricht: Dieses Buch räumt mit zwei Vorurteilen auf: Dem einen, man könne Unterricht planen, und dem anderen, man könne unterrichten, ohne zu planen."

Die Idee, scheinbar unplanbares planbar zu machen und damit ins Kalkül zu ziehen, steckt hinter Mühlhausens Gedanken. Mühlhausen geht davon aus, dass die Analyse von Überraschungen den Schlüssel zum tieferen Verständnis von Unterrichtsprozessen liefert.

Abweichungen vom Entwurf sind meist Überraschungen für den Lehrer. Mühlhausen sagt: „Keine einzige Unterrichtsstunde verläuft so, dass die Schülerreaktionen so sind, wie von den LehrerInnen geplant. Geht die

---

[76] **Ulf Mühlhausen**: Unterrichten lernen mit Gespür: Szenarien für eine multimedial gestützte Analyse und Reflexion von Unterricht. Mit DVD-Beilage mit multimedialen Unterrichtsdokumenten

Lehrkraft auf unerwartete Schüleräußerungen ein, so hat das oft weitreichende Konsequenzen für den geplanten Verlauf.

Mit einer Vielzahl von Modifikationen reagieren Lehrkräfte situativ. Erfahrene Lehrkräfte modifizieren meistens die Schlussphase, angehende Lehrkräfte modifizieren häufiger im gesamten Stundenverlauf. Manchmal heißt es auch, das gesamte Konzept zu verwerfen, wenn dieses nicht zum Ziel führt. Mit viel Unterrichtserfahrung, den richtigen Materialien und Ideen in Reserve, kann der Unterricht noch erfolgreich werden."[77]

Was Mühlhausen sagt, entspricht nicht der gängigen Lehr- und Ausbildungsmeinung. Den Lehramtsanwärtern wird erzählt, dass etwaige Ausfälle von SuS als Betriebsunfall zu sehen wären. Die differenzierten Planungen von Unterricht führen meist aber nicht, das wissen die meisten Lehrkräfte, zu den erwarteten Zielen (nur in Teilbereichen decken sich die Erwartungen mit den Ergebnissen). Das führt aber nicht dazu, dass die Lehrkraft mit den sogenannten „Störungen" (falsche Beiträge, kritische Handlungen wie lautes Unterhalten, Kritisieren usw.) kreativ umgeht. Im Gegenteil werden die „Störer" als Unruheherd ausgemacht, oder es wird versucht, die eigene Unzulänglichkeit durch Korrektur (z.B. des Unterrichtsentwurfes) oder Ignoranz (es wird so getan, als wäre das gar nicht passiert) zu beheben. In den allermeisten Fällen wird sich die Lehrkraft keine alternativen oder sogar kreativen Gedanken darüber machen, wie den „Störungen" zu begegnen sei. Eine Möglichkeit wäre z.B., den kritischen Frager weiterzuleiten an die Mitglieder der Klasse oder ihn zu bitten, seine Fragen schriftlich zu äußern, damit sie

[77] Prof. Dr. Ulf Mühlhausen, (1994): Überraschungen im Unterricht. Situative Unterrichtsplanung. Weinheim, Basel: Beltz

beantwortet werden können. Das „abschmettern“ von unliebsamen Fragern erzeugt Unmut und Opposition. Gefragt ist der nicht erwartete Umgang mit solchen und ähnlichen Situationen. Ich bin sicher, dass jede Lehrkraft viele Ideen hat, auf solche nicht geplante Reaktionen einzugehen.

Der Unterricht im Stundenrhythmus wird von den meisten SchülerInnen als langweilig und ideenlos empfunden. Vielleicht liegt es daran, dass nach den Stundenentwürfen in der Referendarszeit die „Luft raus ist“? Die jungen Lehrkräfte genießen die neue Freiheit, indem sie sich erlauben, auch mal nicht zu funktionieren. Außerdem werden sie oft ohne weitere Hilfen mit den Schwierigkeiten des Alltags konfrontiert und verlieren dabei die Lust und die Kraft, fantasievolle Unterrichtsentwürfe zu überlegen. Die Folge ist oben beschrieben: Der Unterricht wird langweilig und ideenlos.

Wir wissen aber in der schulischen Bildung und Erziehung, dass mit Festhalten von althergebrachten Konzepten nicht immer das erwünschte Ergebnis zu erzielen ist. Besonders wenn durch die geänderten Bedingungen (vgl. oben) geänderte Lösungen angezeigt wären. W. Palmowski[78] beschreibt in seinem Buch eindrücklich, wo es klemmt. Es werden chronische Problemstellungen aus Denkmodellen zu Handlungsmöglichkeiten abgeleitet. Paul Watzlawik hat dies 1983 mit dem „mehr desselben ...“ wie folgt beschrieben: „Hinter diesen beiden einfachen Worten, mehr desselben, verbirgt sich eines der erfolgreichsten und wirkungsvollsten Katastrophenrezepte, die sich auf unserem Planeten im Laufe der Jahrmillionen herausgebildet und zum Aussterben ganzer Gattungen geführt hat.“ Vereinfacht ausgedrückt heißt das,

[78] W. Palmowski: Anders handeln, borgmann 2003

Veränderungen können nur herbeigeführt werden, wenn sie variabel benutzt werden. Zum Beispiel wird bei unerwünschtem Verhalten meist Druck auf die SuS ausgeübt. Mehr Druck, also mehr desselben, wird in den meisten Fällen zu einer Verhärtung des Problems führen, aber nicht zu dessen Lösung. Variabilität bedeutet die Erweiterung der Lösungsmöglichkeit durch anderes Handeln.

Eiszeit

Unser Schulsystem ist in einem Zustand von selbstgefälliger Erstarrung stehengeblieben. Es sind ja nicht nur der Unterricht in Jahrgangsklassen oder die Leistungsbewertung mit Ziffernnoten, die schon vor über 100 Jahren eingeführt wurden, sondern auch starre Curricula (Lehrprogramm), die für kreativen Unterricht wenig Raum lassen. Die innovativen Ideen und Änderungen seit PISA 2000 und den damit verbundenen leichten Verbesserungen, z.B. der Lesekompetenz, führten nicht zu weiteren Anstrengungen, sondern in meinen Augen zu Rückfalltendenzen in autoritäre Muster. Die Vorschriften für LehrerInnen nehmen zu, und es wird wieder mehr darauf geachtet, dass die Bildungspläne eingehalten werden. In der IGLU[79] Studie von 2016 und der PISA Untersuchung liegt Deutschland in der Lesekompetenz der 4.-Klässler immerhin noch hinter den USA. Wir schauen manchmal überheblich über den Atlantik und belächeln deren Schulsystem, das ja angeblich nur die Eliten befördert.

In Mannheim, in der Stadt, in der ich fast 30 Jahre gearbeitet habe, ist eine große Dichte von Kinder- und Jugendpsychiatern zu verzeichnen. Warum ist das so? Der eine, oft genannte Grund ist sicher eine große

---

[79] IGLU ist die deutsche Abkürzung für **I**nternationale **G**rundschul-**L**ese-**U**ntersuchung.

Einrichtung der Kinder- und Jugendpsychiatrie vor Ort – das ZI (Zentralinstitut für seelische Gesundheit). Kostenträger dieses Krankenhauses ist eine Krankenkasse, dadurch werden Überweisungen leichter getätigt, die Stadt ist damit nicht Kostenträger. In diesem Windschatten haben sich eine Menge Ärzte etabliert, die die ambulante Versorgung übernehmen. Der andere Grund ist der Anstieg der psychischen Erkrankungen im Kindes- u. Jugendalter. „Bis zum Vorschulalter sind Entwicklungsstörungen die mit Abstand häufigste Diagnose. Im Jahr 2017 wurde bei etwa jedem sechsten Heranwachsenden (17 Prozent) eine Entwicklungsstörung diagnostiziert, in der Gruppe der fünfjährigen Jungen erhielt fast jeder zweite eine entsprechende Diagnose (45 Prozent). Altersgleiche Mädchen waren mit 32 Prozent etwas seltener betroffen. In den meisten Fällen handelte es sich um eine Sprachentwicklungsstörung."[80] Im schulischen Lern- u. Leistungsprozess geht man nicht näher auf diese Problematik ein.

Vorbild?

Deutschlands beste Schulen bewerben sich (im Jahr 2019 waren das 78 Schulen) um diese Auszeichnung: den Deutschen Schulpreis. Der Hauptpreis des Deutschen Schulpreises 2019 geht in diesem Jahr an die Gebrüder-Grimm-Schule in Hamm (NRW). Die Jury war beeindruckt, wie die Grundschule in einem sozial benachteiligten Stadtteil, räumlich beengt und mit wenigen Ressourcen, eine Umgebung geschaffen hat, in der Lernen hervorragend gelingt. Die Gebrüder-Grimm-Schule lebt eine Kultur der Wertschätzung und ist Vorbild für innovative Schulentwicklung in Deutschland.[81] Meist sind es Zufälle, die innovative

[80] Ärzteblatt.de: Feb. 2019

[81] https://www.deutscher-schulpreis.de/aktuelles-wettbewerbsjahr

Schulleitung und aufgeschlossenes Kollegium zusammenbringen. Es ist nicht nur die Schulentwicklung, auch kleine Projekte sind personengebunden und „sterben“ mit dem Austausch oder Wegfall der ursprünglichen Personengruppe. Weshalb sonst werden beste Beispiele aus dem In- und Ausland ignoriert und/oder nicht entsprechend gewürdigt?

Alternativlos?

M. Hohlmeier war von 1998 an Kultusministerin von Bayern. Ihre Kinder schickte sie in eine Waldorfschule.[82] Eltern artikulieren Bedenken, dass sich ihre Kinder nicht im, in ihren Augen starren Schulsystem frei entfalten können. Also wählen sie eine freie Schule, die den Bedürfnissen der Kinder und den Erwartungen der Eltern mehr entsprechen. „Alternativschulen wollen über die Aneignung von Wissen hinaus emanzipatorische Lernprozesse unterstützen, die für alle Beteiligten neue und ungewohnte Erkenntniswege eröffnen. Sie helfen so, Voraussetzungen zur Lösung gegenwärtiger und zukünftiger Probleme zu schaffen.“[83] In Deutschland gibt es ca. 245 Waldorfschulen und etwa 100 Alternativschulen.

Summa

Die vielfältigen Anforderungen an die Lehrkräfte übersteigen oft die Kraft und Kompetenz jedes Einzelnen.

---

[82] Wikipedia: Die Waldorfpädagogik beruht auf der anthroposophischen Menschenkunde Rudolf Steiners. In Deutschland sind Waldorfschulen staatlich genehmigte oder staatlich anerkannte Ersatzschulen in freier Trägerschaft.

[83] Wuppertaler Thesen: Ziele und Prinzipien Freier Alternativschulen

Die Schullandschaft hat sich stark verändert. Das starre dreigliedrige System (Primarstufe, Sekundarstufe 1 u. 2) beginnt zu bröckeln. Die Erkenntnisse, dass längeres gemeinsames Lernen für alle Beteiligten von Vorteil sein kann, zeigt sich bereits bei den Ländern und Kultus-verwaltungen, die das Gesetz zur Behindertenrechtskonvention pädagogisch umgesetzt haben. Die Verwerfungen durch LehrerInnenmangel, mangelnde Bereitschaft für notwendige Innovationen und durch starre Systeme, die individuelle Lösungen nicht oder nur in Ausnahmen zulassen, belasten die Lehrerschaft in hohem Maße. Das führt wiederum zu krankheitsfördernden Belastungen oder zu individuellen Lösungen der Beteiligten. Konkurrenzkampf und Selbstsucht verhindern Teamarbeit und gemeinsame Lösungen. Jeder rettet sich so gut er kann.

"Erst als sich die Kinder durch eine Öffnung in der Mauer Zutritt zu dem Garten verschaffen, erwacht die Natur zu neuem Leben. Der Riese beobachtet die Kinder vom Fenster seines Hauses und erkennt erst jetzt den Grund für das Ausbleiben des Frühlings. Er tritt nach draußen, um einem kleinen Jungen, der nicht groß genug ist, um – wie seine Spielkameraden – auf einen der Bäume zu klettern, beim Aufstieg zu helfen. Alle Kinder laufen davon, außer dem kleinen Jungen, der zu verweinte Augen hat, um den Riesen kommen zu sehen. Er lässt sich von ihm auf den Baum helfen und küsst den Riesen, woraufhin die anderen Kinder in den Garten zurückkehren."[84]

Es gilt Mauern und Grenzen zu überwinden ...

[84] Wikipedia: „The selfish giant", Kunstmärchen von O. Wilde, 1888

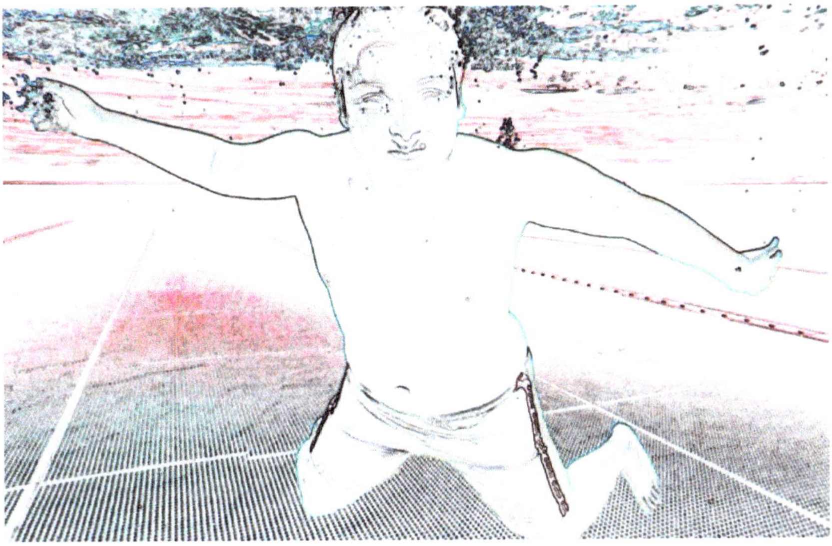

In der Zukunft wird alles besser werden?[85]

Unser Blick in die Zukunft ist meist verengt durch mehr oder weniger bedeutsame Ängste: Demografischer Faktor, Umweltkatastrophen, Kriege, Arbeitsplatz, Krankheiten usw. Der Blick zurück ist leicht, weil er die guten Momente hervorheben kann und die schlechten verdrängt?

Der Blick nach vorne ist schwer (vgl. oben), weil wir heute Kinder ausbilden, von denen wir nicht wissen, was sie in fünf oder zehn Jahren machen (können). Deshalb möchte ich hier der Frage nachgehen, inwieweit die Möglichkeiten der Kreativität, der Ausbildung von Soft Skills (Soziale Kompetenz) und die Möglichkeiten der künstlerischen Betätigung besser genutzt werden können.
Die Akademiker-Arbeitslosigkeit brachte es an den Tag: Gute Zensuren in Mathe und Deutsch helfen nicht unbedingt, das Leben besser zu bewältigen.

Eine kurze Geschichte von Ken Robinson (Do schools kill creativity) hilft uns da vielleicht weiter: Ein sechsjähriges Mädchen in der letzten Reihe ihrer Schulklasse passte im Unterricht nie auf, außer in der Zeichenstunde. Die Lehrerin war fasziniert von ihrem „Werk“ und fragte sie: „Was zeichnest du denn da?“ Das Mädchen antwortete: „Gott.“ Die Lehrerin sagte: „Aber niemand weiß, wie Gott aussieht.“ Das Mädchen antwortete: „Gleich wissen sie es.“

Stellen sie sich vor, ein Mädchen hätte eine schwere Matheaufgabe gelöst. Welche Möglichkeiten hätten wir in der Schule für dieses Kind vorgesehen? Was würden wir zu einem Kind mit den zeichnerischen

[85] Erziehung Hilfe, W. Rauch, Schneider Verlag 2014

Fähigkeiten sagen? Einem Kind, das ohne zu überlegen bereit war, ein hohes Risiko mit ihrer Aussage einzugehen. Ein Kind, das seinen Weg konsequent verfolgte. Vermutlich wissen sie die Antwort schon längst: „Mit Zeichnen wird sie nicht weit kommen ...“ Zukünftige Lehrergenerationen werden nicht mehr leichtfertig auf kreative Kinder verzichten können, nur weil die Präferenzen auf Deutsch und Mathematik liegen. Die Kompetenzen und Fähigkeiten, die Messung der Intelligenz und ihre Auswirkungen wird man zukünftig durch andere Faktoren bestimmen.

In der Zukunftsforschung (Wikipedia: Auseinandersetzung mit möglichen, wahrscheinlichen und absehbaren Zukunftsentwicklungen) werden die Möglichkeiten der technischen Entwicklung, des Zusammenlebens, der Arbeitsteilung und nicht zuletzt der Bildung in einem positiven Licht gesehen. Es wird davon ausgegangen, dass Menschen sich kreativ und individuell den kommenden Begebenheiten anpassen können. In Robert Jungks (1913-1994) Zukunftswerkstätten wurde versucht, ein Gegenmodell zu den unausgesprochenen Folgen von Krieg, Faschismus und Zerstörung unseres Planeten zu entwickeln. Hier lautete die Frage: Inwieweit können alle Bürger in die Planung für die Zukunft mit einbezogen werden? Jenseits von Expertentum und Politikerplanungen werden hier Möglichkeiten eröffnet, in einem komplexen Prozess Lernfelder für alle TeilnehmerInnen zu ermöglichen. Jungk ging es darum, die soziale Kreativität zu entfalten, bei der es vor allen Dingen um Fantasie geht.

Wenn wir die Möglichkeiten des Sozialen Lernens wirklich nutzen wollen, bedarf es eines anderen Blicks auf die Schwächen und Stärken unserer SchülerInnen. Wo sonst als in der Schule könnte eine solche Konzeptidee wie die von R. Jungk ausreifen und Kindern und Jugendlichen Zufriedenheit jenseits von Noten und Leistungsdruck ermöglichen?

Der Blick in die Zukunft wird uns verstellt durch die unsagbaren Lasten des Alltags: Kann ich morgen früh noch schnell kopieren? Wo bekomme ich die Folie für Geschichte her? Habe ich alle Materialien für die Technikstunde? Ich muss doch noch die Deutsch-Aufsätze korrigieren! In der Schule hat die größte Wichtigkeit: **Die „to-do–Liste**“! Auf in die Zukunft?!

„Wir wollen keine Lernfabrik, sondern Räume, in denen wir gern sind und uns wohl fühlen“, erklärt die 15-jährige Cindy vom Gymnasium Allermöhe ihre Vision. Und dazu dienten eben auch Freizeiträume wie das Schulkino oder die Therme. Cindy gehört zu den 25 Schülerinnen und Schülern, die im Kunst-Projekt der neunten Klasse ihre Traumschule mit dem Fantasienamen „Swampnasium“ entwickelt haben.

Das Dach des Gebäudes ist offen und schließt sich nur bei Regen mit einer unsichtbaren Glaskuppel. „So kann so viel Tageslicht wie möglich genutzt werden“, erklärt Cindy, die die äußere Hülle mit entworfen hat. Wichtiges Kriterium sei dabei die Nachhaltigkeit gewesen. Die blitzenden Toiletten sollen beispielsweise gleich mit einer Biogasanlage verbunden werden, erklärt die Schülerin.[86]

Die Kinder und Jugendlichen haben am Wettbewerb „Schools of Tomorrow“ teilgenommen und in Berlin ihre Ideen vorgestellt. Ein bisschen Technik, ein wenig Wohlfühloase und bessere Kommunikation. Die Anspruchshaltung der Kids ist nicht besonders hoch. Es gibt aber Vorstellungen, die darüber hinaus gehen und die die Chancenungleichheit verstärken werden: In privaten Einrichtungen werden die Kinder optimal

---

[86] https://deutsches-schulportal.de/schulkultur/auf-der-suchenach-der-schule-der-zukunft/ -Auf der Suche nach der Schule der Zukunft-

gefördert. LehrerInnen werden zu Coaches, die Abläufe organisieren und/oder technische Hilfen leisten. Außerdem werden Mentoren oder Lernbegleiter für die Kinder zur Verfügung stehen. Diese werden Lernprozesse überprüfen und Lernerfolge festhalten. Die Coaches werden nach Erfolg bemessen und bezahlt. Das heißt, wer die besten Kinder unterrichtet, bekommt die beste Bezahlung. Zeitverträge sind normal, die Verlängerungen richten sich nach dem Bedarf.

Betriebe aus der freien Wirtschaft unterstützen die Bildungseinrichtungen der Zukunft zielgerichtet. Die Jugendlichen sollen schließlich Kompetenzen erwerben, die der eigenen Firma später von Nutzen sein werden. Dafür werden besonders talentierte SuS besonders unterstützt: z. B. mit Bildungsreisen oder Gutscheinen, die die Teilnahme an besonderen Kursen ermöglichen.

Über das Internet gibt es Arbeitsgruppen und Lernräume, die international sind. Klassenzimmer, wie wir sie heute kennen, wird es nicht mehr geben. Es gibt Inputräume, in denen Lernstoff immer wieder neu aufbereitet und interaktiv vorgetragen wird. Technische Hilfsgeräte (Tablets, Computer usw.) dienen zur Weiterverarbeitung und Datensicherung.

Ich habe hier meinen eigenen Fantasien die Meinung von Wissenschaftlern und Zukunftsforschern beigefügt.

Die Hoffnung bleibt, dass die Schulen ein Ort sozialer Treffpunkte bleiben und die SuS durch ihre eigenen Gedanken Ideen entwickeln, die nicht unbedingt konform mit den Zielvorstellungen ihrer Geldgeber sein werden. Vor allem wird die Hoffnung genährt durch die Erfahrung, dass Entwicklungen sehr lange benötigen, bis sie für alle Realität geworden sind. In Deutschland besonders lange!

Auf in die Zukunft?!

Schluss?

„Der griechische Philosoph Sokrates (469-399 v. Chr.) war der Überzeugung, dass die Tugend lehrbar sei, dass das unmoralische Verhalten auf einem Denkfehler beruhe und dass der Weg zur Tugend daher über die Weisheit führe."[87]

Ein Lehrerleben ist wie ein Parforce-Ritt durch Bildung und Erziehung (mit allen Kräften, mit Freude und Leid und mit großer Anspannung). Es gibt nichts, was es nicht gibt. Die Ausbildung bestimmt zu einem großen Teil, wie sich LuL in eine Schule einbringen können. Als kompetenter Lernbegleiter; als emphatischer Mensch mit Schwächen für Schwächere; als Choleriker mit angstmachender Aura; als Mutiger, der keine Angst vor Experimenten hat; als Duckmäuser, der vor allem auf seine Außenwirkung bedacht ist; als Teamplayer, der nichts mehr hasst wie Alleingänge usw. usf.

Der andere Teil wird durch die Wirklichkeit bestimmt. Welche Strukturen herrschen vor Ort? Wer gibt die Richtung vor, und wer befolgt Vorgaben oder gar Befehle? Gibt es so etwas wie einen pädagogischen Imperativ[88], der das Vertrauen an sich und andere und selbstverantwortliches Handeln unterstützt? Welches Konzept verfolgt die Schulleitung? Ist die Schule ständig unterbesetzt, oder gibt es eine große Fluktuation? Welche Schülerpopulation besucht die Schule, und in welchen Vierteln leben die Eltern? Sind die KollegInnen obrigkeitshörig, oder gibt es eine Aufbruchstimmung, die den Teamgeist beflügelt? Sind die Eltern aufmüpfig, klagen sie ständig die Rechte ihrer Kinder ein, oder geben sie

---

[87] Franz Austeda, Wörterbuch der Philosophie, humboldt-taschenbuch 43, 1975, S. 2

[88] Vertrauen als pädagogischer Imperativ: Reinhard Uhle

den Lehrkräften einen Vertrauensvorschuss? Werden Missstände unter den Teppich gekehrt, oder wird auf jeden Fall aufgeklärt? Kommen die Kinder und Jugendlichen zu ihren Rechten? Dies alles sind Hinweise, inwieweit eine Schule „zementiert" ist in ihrem Tun: „Das war bei uns schon immer so."

Oft sind auch die Schulgebäude in einem bedauernswerten Zustand. Die KollegInnen beklagen zudem Stress und Krankheit, Lärm und Disziplinprobleme und mangelnde Kooperation im Kollegium. Berufliche Belastungen und Misserfolge verschärfen krankheitsfördernde Bedingungen. Außerdem wird LehrerInnen, die selbst Hilfe benötigen, kaum Unterstützung zuteil.

Sisyphos

Sisyphos, der König von Korinth, war wegen seiner Schlitzohrigkeit bekannt. Er soll um 1400 v.Chr. gelebt und sein Land mit großer Weisheit geführt haben. Es gelingt ihm sogar, den Tod zu überlisten und ins Leben zurückzukehren. Das wird ihm von den Göttern nicht verziehen, und seine Strafe scheint fürchterlich: Er muss einen Felsblock auf ewig einen Berg hinaufwälzen, der, fast am Gipfel, jedes Mal wieder ins Tal rollt. Heute ist Sisyphusarbeit bzw. die Sisyphusaufgabe ein geflügeltes Wort für eine ertraglose und dabei schwere Tätigkeit ohne absehbares Ende.[89]

Albert Camus und andere Autoren der Neuzeit interpretierten die sinnentleerte Fassung ganz anders: „Wir müssen uns Sisyphos als einen glücklichen Menschen vorstellen." Die Utopie könnte heißen, dass sich

---

[89] Wikipedia: Sisyphos

der Stein abnutzt und sich in Nichts auflöst, d.h., die Leiden haben irgendwann ein Ende. Eine andere Interpretation lässt den Stein oben auf dem Gipfel liegen. In der für mich pädagogischsten Interpretation lässt man Sisyphos den Stein selbst vom Gipfel stoßen, damit er weiterarbeiten kann und sein Leben weiterhin sinnhaft bleibt (vgl. Wikipedia).

Die pädagogische Arbeit spielt sich doch in diesem immerwährenden Kontext ab. Alles Arbeiten wiederholt sich auf diese schöne (schreckliche) Weise: Nach getaner Arbeit wiederholt sich der Prozess von neuem. Erfolg und Misserfolg, Glück und Unglück oder Geschick und Können lassen sich mehr oder weniger variieren. Wir haben es doch in der Hand. Oder etwa nicht?

Fridays forever

Im Jahre 1992 wurde auf der UN-Umweltkonferenz in Rio de Janeiro der Begriff „Bildung für nachhaltige Entwicklung“ geprägt. Menschen sollen befähigt werden, in einer globalisierten Welt die Zukunft aktiv, eigenverantwortlich und verantwortungsbewusst zu gestalten. Schon 1980 hat die Kultusministerkonferenz Umwelt und Unterricht zu einer Existenzfrage gemacht und die Erziehung zu umweltbewussten Verhalten als Grundlage des Unterrichts ausgerufen. Der Mensch als Verursacher und Betroffener soll sein Handeln nicht an kurzfristiger Vorteilsnahme für sich auslegen, sondern muss Verantwortung für nachfolgende Generationen übernehmen.[90]

Diese beachtlichen Vorgaben finden heute in der Welt ein breites medienwirksames Echo. Die Bewegung „Fridays for Future“ hält sich an

[90] Beschluss der KMK vom 1.10.1980

diese Vorgaben und fordert die Umsetzung auf schulischer und politischer Ebene ein. Weshalb diese Idee von Achtsamkeit, Solidarität und Weitsicht nicht von einem breiten schulischen Spektrum aufgenommen wird, bleibt ein Rätsel. Im Gegenteil haben die streikenden SchülerInnen erst mal den Finger des Gesetzes erfahren. Sanktionen wurden angedroht und ausgesprochen. Wenige Schulen haben auf diesen Missstand pädagogisch reagiert. Es darf z.B. an einer Schule einmal im Monat gestreikt werden, oder in einem Berliner Gymnasium wurde „Schools for Future“ gegründet. Die gutgemeinten Aktivitäten verschleiern die Tatsache, dass der Gedanke für nachhaltiges Lernen an der Gesamtheit der Schulen noch nicht angekommen ist. Dafür sind unsere Schulen viel zu sehr mit Leistungen und Konkurrenz beschäftigt. Zu unterschiedlich sind die Konzepte in den Bundesländern und deren Umsetzung in den Schulen.

Bildungsplanorientierung?

Als wir zum Anfang des Jahrtausends (2002) unsere Erziehungshilfeschüler schon nach der 5. Klasse in die Regelschule zurückschulen wollten, war das Schulamt einverstanden, hatte aber schnell einen entsprechenden Namen für unser Vorhaben: Außenklasse. Nur, es war keine Außenklasse, sondern aus heutiger Sicht eine inklusive Maßnahme, weil die SuS in unterschiedlichen Klassen untergebracht wurden. Wir boten nämlich der damaligen Hauptschule an, dass wir Lehrkräfte mit unseren Schülern an die entsprechende Schule für ein Jahr wechseln. Damals versuchte man mit kooperativen Maßnahmen, z.B. einer Außenklasse in einer Regelschule, die Integration von Sonderschülern zu erleichtern. Weshalb das Schulamt unsere Maßnahme als Außenklasse betitelte, können wir nur mutmaßen: Vielleicht weil der Mut, die Kompetenz und das Vertrauen an uns Lehrkräfte nicht da waren, und der leichteste Weg für unsere (damalige) ungewöhnliche pädagogische Idee eben die „von oben" vorgegebene Namensgebung war. Wie wir diese Maßnahme umsetzten, hat nie wirklich jemanden interessiert.

Pädagogische Freiheit oder nicht?

Uns LehrerInnen fehlt die vielbeschworene pädagogische Freiheit, bzw., es wird von ihr zu wenig Gebrauch gemacht. Dies widerspricht auch nicht der Aufsicht des Staates über das Schulwesen. Zwar wird der Lehrkraft durch die Gesetzgebung diese Freiheit nicht abgesichert, sie wird aber eingestanden. Der pädagogischen Freiheit liegt eine Haltung zugrunde, die über die Grenzen der Didaktik[91] und Methodik[92] hinausgehen kann. In unserem Bildungssystem gibt es viele gutgemeinten Ansätze, Ideen und Konzepte. In den Bildungsplänen werden diese der Lehrerschaft zur Kenntnis gebracht und – nach Möglichkeit – umgesetzt. Zum Beispiel gab es in BW (Baden-Württemberg) für die KollegInnen unterschiedliche Möglichkeiten, den Kindern Lesen und Schreiben beizubringen. Das war deshalb so, weil es auch durch die Forschung abgesicherte unterschiedliche Methoden gab und gibt, die zum Lernerfolg führen sollen. Diese Regelung ist für die Lehrkräfte wichtig, die diese

---

91 https://wb-web.de/wissen/lehren-lernen/ **„Didaktik"** ist das Fremdwort für die Wissenschaft vom lernwirksamen Lehren und damit ein zentraler Begriff in der Erwachsenenpädagogik. Sich mit Didaktik in der Praxis zu beschäftigen bedeutet, sich mit dem Prozess des Lehrens und Lernens auseinanderzusetzen. Es geht dabei um folgende Faktoren: die Bestimmung der **Zielgruppe**, die **Lerninhalte**, die **Planung**, die **Durchführung**, die **Evaluation** und die **Reflexion**.

92 S.o. Der Begriff **„Methodik"** wird unterschiedlich verstanden. Zum einen versteht man darunter die Gesamtheit der Methoden, die im Lehr-Lernprozess eingesetzt werden. Zum anderen kann der Begriff weitergefasst werden und auch den Lernort, die Sozialform, die Sitzordnung, die Zeiten, die Medien und die Teilnehmenden berücksichtigen.

oder eine andere Methode wählen, aber in der Regel von ihrem Tun vollkommen überzeugt sind. Wir wissen, dass LuL, die von ihrem Konzept überzeugt sind, auch für die Arbeit der SuS motivierender „rüberkommen". In BW und NRW (Nordrhein-Westfalen) sind die KultusministerInnen anderer Meinung! In dem sogenannten Rechtschreibrahmen der Klassen 1-10 in BW werden den LehrerInnen verbindliche Vorgaben gemacht. Entzündet hatte sich der Widerspruch, weil Frau Eisenmann in BW den Kindern das Schreiben nach Gehör nicht erlauben wollte. Hier werden nicht nur die zahlreichen Forschungsergebnisse zu dieser Methode ignoriert (J. Reichen führte diese Methode in den 80er Jahren ein), viel schlimmer scheint mir zu sein, dass die (wenigen) KollegInnen, die diese Methode präferieren, für dumm verkauft werden. KollegInnen, die nach dieser Methode unterrichten, haben vergleichbare Erfolge mit ihren SuS, wenn sie mit Kindern verglichen werden, die nach einer anderen Methode lernten.

Haltung zeigen

Welche Haltung oder Einstellung kann ich im schulischen Kontext entwickeln?

Reflexivität (eigenes Denken u. Handeln zum Gegenstand des Nachdenkens zu machen), souveräne Routinen, Kontextsensibilität (aus dem Zusammenhang unterscheiden) und soziale Kompetenz (Teamfähigkeit u. Kommunikationsfähigkeit) werden dabei benötigt. Hier zeigt sich, dass es sinnvoll ist, den Begriff Haltung als integrativ zu verstehen und als theoretisches Fundament Annahmen und Forschungen aus der PSI-Theorie (Persönlichkeits-System-Interaktionen) von J. Kuhl[93] zugrunde

[93] https://de.wikipedia.org/wiki/PSI-Theorie_(Kuhl)

zu legen. In Anlehnung an die PSI-Theorie zeichnet sich eine „professionelle pädagogische Haltung" durch viele verschiedene objektiv messbare Selbst-Kompetenzen aus, und vor allem auch durch ein „integrationsstarkes Selbst", das als Voraussetzung dafür angesehen werden kann, dass Pädagoginnen und Pädagogen z.B. trotz vieler konträrer Anforderungen und veränderlicher Kontextbedingungen flexibel und selbstkongruent denken und handeln können.

Besser so?

Oder es könnte doch auch ganz anders gehen. „In den kommenden Monaten staune ich jeden Tag über diese Schule auf dem Hügel, in der die Englischlehrerin Zweitklässlern Gedichte von Ted Hughes vorliest und die Mathelehrerin den Unterricht an den Strand verlegt, um dort einen Tyrannosaurus Rex maßstabsgetreu in den Sand zu zeichnen, und so aus Mathe zusätzlich eine Sportstunde macht ... Zu Beginn der zweiten Woche lässt meine Tochter ihre Schuhe zu Hause und geht von da an barfuß zur Schule ..."[94]

In Neuseeland gibt es so etwas wie „Bildung außerhalb des Klassenzimmers"[95] (Education outside the classroom – EOTC). Zum Beispiel machen SuS eine große Wanderung und üben erst einmal davor geographische Karten zu lesen. Die Kids lernen in der 12. Klasse, wie es ist, nur mit sich allein zu sein, z.B. auf einer kleinen Insel für mehrere Stunden oder im Wald für zwei Tage nur mit dem Notwendigsten versorgt. Oder sie gehen auf einen Segeltörn, verpflegen sich selbst und lernen dabei

---

[94] V. F. Hasel: Der tanzende Direktor, Lernen in der besten Schule der Welt, 2019 Kein u. Aber AG Zürich-Berlin

[95] http://eotc.tki.org.nz/

etwas über Ernährung (vgl. Der tanzende Direktor, S. 180 ff). Es werden also systematisch Projekte unterstützt, die das Lernen im Klassenzimmer ergänzen und verbessern.

Ja, könnte man sagen, das gibt es auch bei uns. Viele KollegInnen organisieren Freizeiten und außerschulische Lerngänge, die den Unterricht bereichern und den SuS zusätzliche Motivation für ihr Lernen bieten. Ich weiß allerdings aus eigener Erfahrung, welche Mühen und zusätzliche Zeiten für Planung, Organisation und Durchführung notwendig sind. Die Unterstützung durch Schulleitung oder Schulverwaltung geht dabei gegen Null. Außerdem erschweren Verwaltungsvorschriften, ein Wust von Bürokratie und mangelnde Bereitschaft von vielen KollegInnen eine Systematik für diese Veranstaltungen. Ich kenne KollegInnen, die es gar nicht einsehen, außerhalb des Klassenzimmers zu unterrichten: „Das bekommst du sowieso nicht gedankt, und was bringt das schon außer Ärger!"

Oder so?

In ihrer beeindruckenden Rede vor EU-Beamten, vor dem Umweltausschuss des Parlaments, sagte Greta Thunberg: „Ich möchte, dass Sie so handeln, als ob das Haus in Flammen steht." Und: „Ich will, dass Sie in Panik geraten."[96]

Wir sind leider weder in Panik oder beunruhigt, noch gibt es Ansätze, unsere Schule zu einer guten Schule für alle zu machen. Thunbergs Appell für sofortiges Handeln wird nicht gehört oder, wie so oft,

---

[96] 16.04.2019 – Rede Greta Thunberg (deutsch) – Europäisches Parlament

wegdiskutiert. Ich war ein leidenschaftlicher Lehrer und bin heilfroh, diesem System entkommen zu sein.

Corona, Corona ...

Scheiß Corona, oh na na
Das ganze Land steht still
Corona, oh na na
Hab keinen Bock auf Quarantäne, ne ne ne! (Bloß nicht)
Alle Schulen und Läden leer, auch Fußball gibt's nicht mehr!
Corona, oh na na
(https://lyricstranslate.com)

In Stuttgart randalieren sogenannte Partygänger in der Sonntagnacht (21.6.2020) in der Innenstadt. Mehrere Hundert junge Männer liefern sich Straßenschlachten mit der Polizei. Dabei werden mutwillig Fensterscheiben von Läden und Autos eingeschlagen und demoliert. Polizisten werden verletzt.

Es ist kein Zufall, dass dies in der Coronazeit (ab Mitte März 2020) geschieht. Die Jugendlichen und jungen Männer sammeln sich an Plätzen, weil die Clubs und Diskotheken noch geschlossen bleiben müssen. In lauen Sommernächten steigen der Alkoholpegel, die dummen Ideen und das Testosteron empfindlich. Eine Erklärung für die ungebremste Gewalt gegen Menschen und Sachen ist dies freilich nicht. Gerne verwenden die aufgeregten Politiker und skandalträchtigen Medien die Geschichte von den nicht angepassten Asylanten, uneinsichtigen ausländischen Mitbürgern und dem sogenannten Schwarzen Block der linken Szene. Alle diese Erklärungsmuster greifen zu kurz und sind letztendlich falsch.

Wie entsteht Gewalt und welche Mechanismen und Umstände begünstigen sie? Gewalt ist ein Bestandteil unseres gesellschaftlichen Lebens. Es sind die Kindesmisshandlungen und die Gewalt im häuslichen Umfeld (z.B. Vergewaltigung), die tagtäglich mehr oder weniger im Verborgenen geschehen. Besonders skandalträchtig werden diese Taten, wenn sie von ausländischen Menschen begangen werden (mit Migrationshintergrund). Zum Schutz von Kindern und Frauen wird insgesamt zu wenig getan. In der Schule wird nunmehr seit Jahrzehnten die Zunahme von Aggression und Gewalthandlungen beklagt. Die Antworten der Gewaltforscher, Institutionen, Pädagogen und Psychologen sind vielfältig, aber nicht einheitlich. Das Kinder- und Jugendhilfegesetz überträgt dem Jugendamt den Schutzauftrag für die Jugendlichen, gesteht aber den Eltern die erste Pflicht zur Erziehung ihrer Kinder zu. Das Elternrecht wird in vielen Fällen so hoch bewertet, dass die Hilfen für die Kinder und Jugendlichen nicht ankommen können. Die Hilfen für gefährdete Kinder und Jugendliche werden sowohl in der Jugendhilfe als auch in schulischen Einrichtungen meist aus personellen Gründen nicht gewährt oder schlecht bearbeitet. Unliebsame werden aus schulischen Einrichtungen „abgeschoben" (in andere Schulen). Dieser „Deal" hat zur Folge, dass im Gegenzug Kinder angenommen werden, ohne entsprechende Vorbereitung der Lehrkräfte. Aus diesem Grund scheitern solche Maßnahmen schon im Ansatz. Problematische Situationen werden aus Zeitgründen hinausgeschoben, bis sich das „Problem" von selbst löst (Familie zieht um und/oder meldet ihr Kind auf einer anderen Schule an). Lehrkräfte fühlen sich weder durch ihre Ausbildung noch durch administrative Hilfen in der Lage, diesem Erziehungsproblem entgegenzutreten. Es fehlt an der Fähigkeit, soziale Konflikte zu lösen bzw. längerfristig zu verfolgen. Die Jugendhilfe stöhnt seit Jahren unter Personalmangel und greift deshalb zu merkwürdigen Methoden. So werden z.B. in einem Jugendamt (Name ist bekannt) nur noch Fälle angenommen, bei denen eine Kindswohlgefährdung (eine besonders schwere Form von Kindesmissbrauch) vorliegt. Die sogenannten leichten Fälle (die dringend bearbeitet werden müssten) werden nicht angenommen. So werden Versäumnisse weitergereicht und nicht bearbeitet. Die Probleme beginnen viel früher. Die Gewaltausbrüche von Kita-Kindern, die ggf. von Intervention-Teams professionell begleitet, behandelt und gelöst werden sollten, böten die Möglichkeit, frühzeitig auf Veränderungen einzuwirken. Jede Verschleppung einer Problematik subsumiert sich in einer Spirale von Gewaltmöglichkeiten. Kinder und Jugendliche (und Erwachsene) docken an für sie positive Gewalterlebnisse immer wieder an, weil sie erfolgversprechend und leicht zu wiederholen sind. Was im Elternhaus (oder durch äußere Faktoren wie Krieg, Vertreibung etc.) mit subtilen Gewaltäußerungen der Kleinkinder begann, endet in unserem Fall in Stuttgart auf der Straße. Bestimmte äußere Faktoren begünstigen diese Ausbrüche außerdem (Perspektivlosigkeit, Angst, Gruppendynamik, Unzufriedenheit, fehlender Respekt, mangelnde Empathie u.v.a.m.).

„Gewalttätiges Verhalten kann also nur verstanden werden, wenn auch seine psychologische Seite untersucht wird ... Ausgehend von der Überlegung, dass Instinkte beim Menschen allenfalls bestimmte Formen gewalttätigen Verhaltens zum Beispiel in Bedrohungssituationen erklären können, hat Erich Fromm die Hauptursache destruktiver Gewalt im spezifisch menschlichen Bewusstsein, genauer: im Mangel an ethischem Bewusstsein lokalisiert. Fromm nimmt an, dass die auf Destruktion (statt auf bloße Verteidigung) zielende Gewalt einer Charakterschwäche, d.h., einem Mangel an humanitären Werten bzw. einer Wertschätzung von Gewalt entspringt."[97]

---

[97] Georg Lind: Zur Psychologie gewalttätigen Verhaltens und seiner Prävention, 1993

Es ist also nicht „die Härte des Gesetzes“[98], die die jungen Männer auf den Weg zurückbringen kann, sondern es ist Erziehung (und Bildung). Fromm spricht von den humanitären Werten, die meines Erachtens vor allem in der Schule und im Elternhaus vermittelt werden. Versäumnisse in diesen Bereichen wirken sich verzögert aus. Oberflächliche Interventionen helfen da nicht weiter.

In Coronazeiten wird von den Lehrkräften und SchülerInnen viel verlangt. Das Lernen zu Hause und die Abwesenheit der LehrerInnen überfordern die Kinder und Jugendlichen und deren Eltern. Es sind ja nicht nur die Ausweitung der Zeiten am Smartphone, die häusliche Gewalt und die fehlenden sozialen Kontakte. Das alles war vor Corona auch schon mehr als problematisch. Das Hauptproblem ist, dass wir nicht oder völlig unzureichend auf so eine Situation vorbereitet sind. Es fehlt in erster Linie an der technischen Ausstattung, die Arbeit mit digitalen Medien steckt in den Kinderschuhen (fehlende Endgeräte, „lahmes“ oder kein WLAN, geringes Know-how aller Beteiligten ...). Nur wenige Lehrkräfte sind in der Lage, ernsthaften Unterricht via Lernplattform (Moodle, Teams ...) mit ihren Klassen zu gestalten oder Lernprogramme sinnvoll zur Verfügung zu stellen. Der angedachte Unterricht während der Coronazeit in der Schule in Lerngruppen erfordert viel Personaleinsatz, Disziplin und Durchhaltevermögen. Schon die Lehrkräfte in der Risikogruppe (die nicht in die Schule dürfen) fehlen im Unterricht, ganz zu schweigen vom Lehrermangel und unzureichenden räumlichen Voraussetzungen. Bildungsministerin Karliczek kam auf die glorreiche Idee, in den Schulhöfen Container aufzustellen. Woher die LehrerInnen kommen sollen, sagte sie nicht.

---

[98] Innenminister Seehofer am Tag danach, 22.6.2020

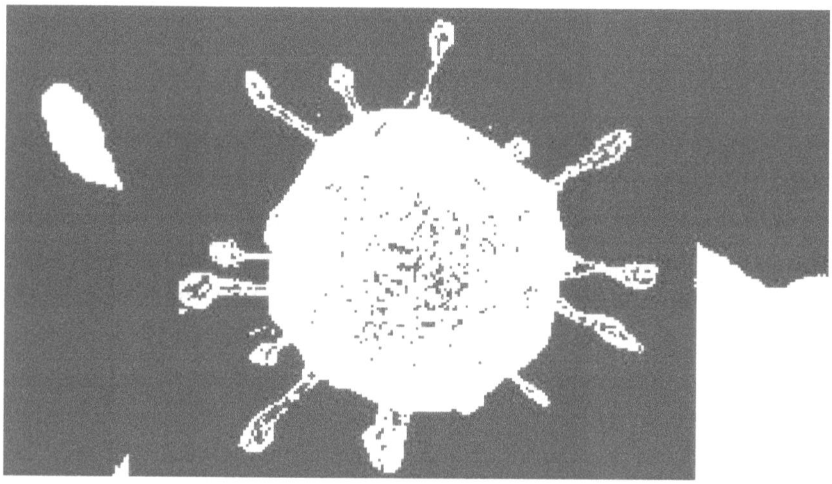

Epilog

Die Sommerferien waren vorbei, und nichts hatte sich geändert. Die ganze Klasse war vollzählig in der Schule. Alle waren in aufgekratzter Stimmung und freuten sich, wieder zusammen zu sein. Aber nein, nicht alle, es waren die ewigen Nörgler, die schon wieder am Motzen waren. „Muss das sein, heute schon wieder schreiben und rechnen?"

Bei genauerem Hinschauen stellte ich fest, dass einige Kinder sich ganz schön verändert hatten. „Sag mal, du bist aber ganz schön braun geworden, wo wart ihr denn in den Ferien?“ „Daheim.“ Es war aber nicht nur die Hautfarbe, manche sehen schon richtig erwachsen aus. Das kann eigentlich nicht sein, in den paaren Wochen sich so zu verändern. Vielleicht ändert sich auch unser Blick, wenn man denjenigen einige Wochen nicht gesehen hat.

Für einige Kinder wird sich viel ändern. Sie haben die Schule gewechselt oder sogar verlassen. Ein neuer Abschnitt mit vielen Unsicherheitsfaktoren beginnt. „Wie kann ich mit den anderen klarkommen? Bin ich bereit oder kann ich meine Hemmungen nie überwinden? Sind meine Noten gut genug für das, was kommt, oder schaffe ich das nicht? Finde ich wieder einen tollen Lehrer oder wird das wie beim letzten Schulwechsel, nämlich beschissen?“

„Um 12.30 Uhr klingelte es zur Mittagspause und ich bin super nervös wegen dem Gespräch mit Tom. Ich verlasse den Klassenraum so schnell wie möglich und gehe nun zu der Bank, wo ich eigentlich jede Pause alleine sitze, und warte auf Tom. Ich sehe ihn von weiten nun auf mich zu kommen. Gott hat er trainiert? Irgendwie sieht er total durchtrainiert aus. Ich kann ihn lächeln sehen und hätte schwören können, gleich dahin zu schmelzen. Okay, reiß dich jetzt zusammen und sei ‚Normal‘.“[99]

In der Klasse angekommen löcherten mich die Mädchen mit Fragen. "Schön, euch wieder zu sehen Kinder, wie jedes Jahr machen wir nun eine neue Sitzordnung." „Ich möchte aber neben Dimitri sitzen

---

[99] Erstellt von: Bulletproof.girl, Ausschnitt – Aktualisiert am: 15.06.2019

bleiben." „Ja, oder wart doch erst einmal ab, wir werden sehen." Naja, wir werden sehen. Was eigentlich?

Die Versprechungen der Reformer, „neue" Konzepte zum Regierungswechsel, Lehrermangel, Lehrerkrankheit, Mobbing und schlechte Stimmung, alles wird sich wiederholen?

Oder gibt es ein Team engagierter Lehrkräfte, das Förderkonzepte entwickelt, sich um die Schulentwicklung kümmert, bei dem Integration groß geschrieben wird und heterogene Lerngruppen als Chance gesehen werden, das Beziehungen zu Schülern und Eltern entwickelt, bei dem Teamarbeit und BOYD (Bring Your Own Device) keine Modewörter sind, das weiß, wie man zusammen arbeitet, und Unterricht so gestaltet, dass der Spaß und die Interessen der Schüler- und Lehrerschaft nicht zu kurz kommen?

Wer weiß?

Kirk: **Mr. Scott, veranschlagen Sie die Reparaturzeiten immer viermal so lange wie nötig?**

Scotty: **Natürlich Sir. Sonst würde ich ja meinen Ruf verlieren, dass ich echte Wunder vollbringen kann.[100]**

[100] Raumschiff Enterprise, Dialoge

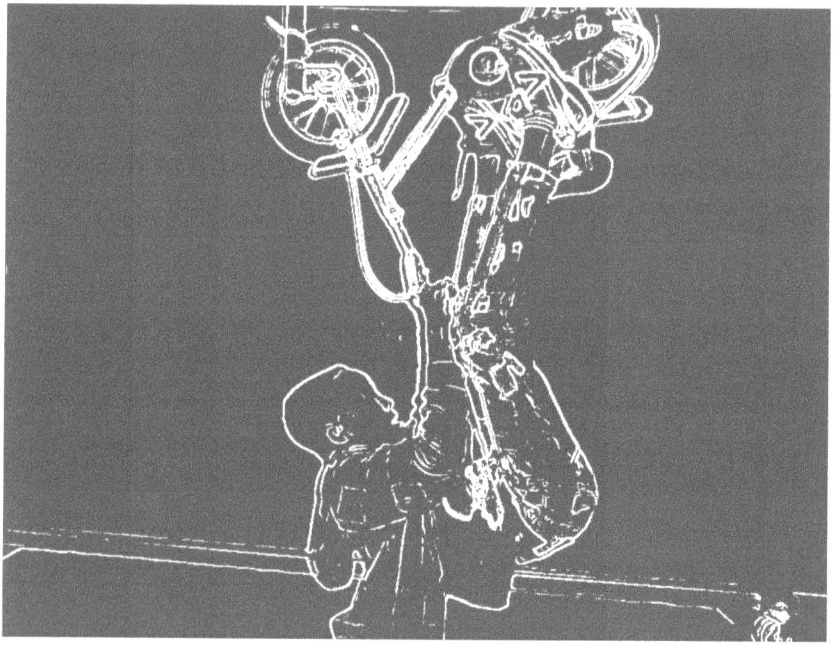